...면 당신이 원했던
세계사를 흔든
패전사 이야기

어쩌면 당신이 원했던
세계사를 흔든 패전사 이야기

펴낸날   초판 1쇄 2023년 3월 8일
             3쇄 2024년 11월 22일

지은이   윤영범

펴낸이   강진수
편 집   김은숙, 설윤경

인 쇄   (주)사피엔스컬쳐

펴낸곳   (주)북스고   **출판등록**   제2024-000055호 2024년 7월 17일
주 소   서울시 서대문구 서소문로 27, 2층 214호
전 화   (02) 6403-0042   **팩 스**   (02) 6499-1053

© 윤영범, 2023

ISBN   979-11-6760-043-1 03900

책 출간을 원하시는 분은 이메일 booksgo@naver.com로 간단한 개요와 취지, 연락처 등을 보내주세요.
Booksgo 는 건강하고 행복한 삶을 위한 가치 있는 콘텐츠를 만듭니다.

어쩌면
당신이 원했던

세계사를 흔든
패전사 이야기

윤영범 지음

유튜브 채널 패전사가 들려주는
승리 뒤에 감춰진 25가지 전쟁 세계사

Booksgo

패배로 배우는 전쟁 세계사

인류의 역사는 갈등과 전쟁의 역사라는 것을 그 누구도 부인할 수가 없을 것이다. 인류가 진화하는 과정에서 어디선가 누군가는 항상 싸우고 있었다. 그리고 싸움과 더불어 무기와 전술도 같이 진화해 왔다. 사람들은 전쟁이라는 폭력적이고 극단적인 수단을 혐오한다고 이야기하면서도 막상 전쟁이 시작되면 서로에게 한없이 무자비했다. 이 피비린내 나는 전쟁의 역사는 인류가 멸망하지 않는 한 계속될 것이 분명하다.

이 책은 '패전사 이야기'라는 유튜브 채널에서 시작했다. 어릴 적부터 좋아했던 밀리터리 분야의 이야기들을 찾아보면서, 패배한 전쟁을 좀 더 들여다보면 승리의 이면 뒤에 '다른 무엇이 있을까'라는 호기심이 시작이었다. 패배한 전쟁을 주제로 영상을 만들면 과연 누가 볼까 하면서도 재미 반, 호기심 반으로 계속해 왔던 일이 벌써 3년을 넘어가고 있다.

패전사 이야기의 주제는 말 그대로 패배한 전쟁과 전투를 돌아보는 것이다. 승리한 전투나 패배한 전투 모두 한두 가지 원인만으로 그 결과가 설명되지는 않는다. 치밀하게 계획한 작전에도 불구하고 예측하지 못한 수많은 변수가 존재하고 그 속의 인물들의 선택과 운까지도 전투의 결과에 영향을 미친다.

이 모든 것을 담아내기에는 그 내용이 너무나 방대하기에 전투의 배경과 상황, 전략, 인물, 무기들에 대해 가능한 한 쉽게 설명하려고 노력했다. 《어쩌면 당신이 원했던 세계사를 흔든 패전사 이야기》에는 제1·2차 세계대전 중 유럽에서의 전투부터 태평양 전선의 전투와 한국 전쟁, 베트남 전쟁, 근현대 전쟁의 패배한 전투 이야기를 담았다. 하루 만에 수천 명의 목숨이 허무하게 사라지기도 했으며 수많은 영웅이 탄생하기도 했던 극적인 순간들과 세계사의 흐름을 바꾼 패배의 순간들을 한 권에 담았다.

이처럼 패전의 이야기를 모아 사람들에게 알리기 시작한 것은 패배한 전쟁을 분석해서 다시는 같은 실수를 반복하지 않았으면 하는 바람 때문이었다. 인류 역사의 한 부분인 전쟁사는 분명 흥미로운 분야지만 이 책은 전쟁을 찬양하거나 동경하는 책은 아니다.

전쟁이라는 극한 상황에서는 사람이 가지고 있는 본연의 모습이 발현되기 마련이다. 이때 리더십과 용기를 가지고 냉정한 상황 판단과 임기응변을 통해 위기를 돌파하거나, 대의를 위해 자신을 희생하는 인물들이 있다. 반면에 말도 안 되는 똥고집을 부리며 전투를 패배로 이끄는 무능력한 인물도 있다. 전쟁터와 다름없는 현대 사회에도 다양한 인간 군상들이 존재한다. 역사 속 인물들의 성공과 실패에서 우리가 배울 점이 분명 있으리라 생각한다. 유튜브 채널에서 말하지 못한 부분과 부족한 부분을 보완해서 만든 이 책이 여러분에게 즐거운 경험으로 남기를 바란다.

이 시간에도 땀 흘리며 열심히 운동하고 있을 나의 우주 도경이와 도영이 그리고 언제나 내 편이 되어 주는 멋진 메텔마눌 은희에게 고마움을 전합니다.

평생을 명예로운 군인으로 살아오신 아버지와 그 곁을 지켜 주신 어머니, 부족한 사위를 항상 믿고 응원해 주시는 장인어른과 장모님

께도 감사한 마음을 전합니다.

　마지막으로 부족한 저에게 좋은 기회를 주신 북스고의 관계자분들께 다시 한번 감사의 말씀을 드립니다.

윤영범

2부. 1950 - 1999

1900
– 1949

1914.6.28.
사라예보 사건

1914.10.29.
오스만 제국 참전

1915.4.25.
갈리폴리 전투

갈리폴리 전투

대영제국의 거대한 삽질

전쟁 초반 불리했던 상황에서도 국민을 단결시키며 제2차 세계대전을 승리로 이끈 정치가 윈스턴 처칠Winston Churchill은 영국의 국민 영웅이었지만, 한편으로는 고집불통에 말싸움조차도 지는 것을 싫어할 만큼 패배를 극도로 싫어하는 인물이었다.

그러나 금수저 출신에 승승장구만 하던 이 오만한 인물에게도 약점이 있었으니…. 바로 '갈리폴리Gallipoli'라는 마법 같은 단어였다. 실제로 처칠은 갈리폴리라는 말만 들어도 극도로 예민하게 반응하거나 화를 냈고, 그런 그의 주변 사람들에게 갈리폴리는 금기어나 마찬가지였다. 그만큼 처칠에게 약점이었던 갈리폴리가 무엇이었기에 처칠을 그렇게 흥분하게 만들었을까. 위대한 정치가 처칠이 평생 치를 떨었던 갈리폴리라는 곳에서는 어떤 일이 있었는지 들여다보자.

⊕ 오스만 제국의 어제와 오늘

제1차 세계대전 당시 대부분의 유럽 국가는 전쟁의 광풍에 휩싸여 있었다. 전쟁이 휩쓸고 지나간 자리는 순식간에 폐허가 되었고 소중한 사람들의 목숨을 앗아갔다. 온전한 곳을 찾기 어려울 정도로 삶의 터전이 파괴되었고 대상 없는 울음만이 곳곳에 울려 퍼졌다. 그렇게 전쟁은 사람들의 몸속 깊은 곳에 공포를 남겼다. 하지만 이런 와중에도 유럽의 각 나라들은 어느 쪽에 서야 자신들에게 유리할지 계산기를 두들기고 있을 뿐이었다. 그들의 끝없는 탐욕과 알량한 자존심에 수많은 젊은이만 이름 모를 전쟁터에서 죽어 나가고 있었다.

당시 대영제국, 프랑스 제3 공화국, 러시아 제국 등의 연합군은 독일·오스트리아 동맹국과 싸우고 있었다. 하지만 오스만 제국(튀르키예 공화국)은 위치상 연합군과 동맹국 양쪽 모두와 가까워, 어느 곳에도 치우치지 않고 중립을 유지하며 상황을 지켜보기만 할 뿐이었다.

하지만 오스만 제국이 어떤 국가였던가? 16세기 오스만 제국은 전 유럽 기독교 국가들의 공공의 적이자 벌벌 떨게 만들었던 초강대국이었다. 1453년 술탄 메흐메트의 최정예 근위대인 예니체리는 기독교의 성지인 콘스탄티노플(이스탄불)을 점령하며 비잔티움 제국을 무너뜨렸고, 이 과정에서 수많은 유럽 기사의 목을 가져갔다.

13세기 다민족 국가에서 시작한 오스만 제국은 정복 전쟁을 통해 서서히 영토를 확장했다. 특히 메흐메트, 술레이만 등의 위대한 술탄들은 유럽과 북아프리카, 서아시아, 아라비아반도까지 점령할 정도로 거대한 제국을 건설한 바 있다. 당시 주변 유럽 국가들은 이런 오스만 제국의 위력을 두려워할 수밖에 없었다.

하지만 오스만 제국의 위상은 영원하지 못했다. 시간이 흐를수록 내부에서부터 서서히 썩어 가고 있었다. 술탄의 최정예 병력이었던 예니체리는 기득권을 지키기 위해 술탄을 암살하며 반란을 일으키기도 했다. 유럽의 빠른 기술력을 받아들이지 못한 오스만 제국은 군사적으로도 유럽에 밀리기 시작했다. 결국 18세기에 이르러서 근대화에 실패한 오스만 제국은 중앙정부의 힘이 약해지며 각지에서 반란이 일어났다. 그리스, 이집트, 알제리 등의 영토를 서구 열강들에 빼앗기며 늙고 병든 쇠퇴하는 제국이 되고 말았다. 이제 더 이상 오스만 제국은 유럽의 국가들을 벌벌 떨게 만들던 이슬람의 맹주가 아니었다. 오히려 아직 망하지 않은 것이 신기한 조롱의 대상이 되어 있었다. 찬란했던 과거의 영광은 사라진 채 하염없이 무너져 가고 있던 오스만 제국은 어떻게든 1차 세계대전을 피해보려 했지만, 세계대전의 광풍을 피할 방법은 없었다.

전쟁 전부터 연합군과 동맹국 양측 모두 지리적으로 중요한 곳에 있는 오스만 제국을 아군으로 끌어들이기 위해 공을 들였다. 영국, 프랑스가 같은 연합군인 러시아와 닿을 수 있는 유일한 길은 지중해-흑해 항로뿐이었다. 그런데 흑해로 들어가기 위해서는 고대 국가 트로이가 번영했던 다르다넬스 해협을 통과하고, 오스만 제국의 수도인 콘스탄티노플이 걸쳐져 있는 보스포루스 해협을 거쳐야만 했다. 만약 독일이 오스만 제국과 연합해 흑해를 봉쇄하고 러시아를 공격하면, 러시아가 위험에 처하더라도 영국과 프랑스가 도울 방법이 없었다. 이런 상황을 잘 알고 있던 오스만 제국은 적당히 양쪽을 저울질하며 상황을 주시하고 있었다.

하지만 과거부터 크림반도 영토 문제로 앙숙이었던 러시아가 연합군에 붙자 오스만 제국은 독일 쪽으로 기울기 시작했다. 독일은 이 기회를 놓치지 않기 위해 오스만 제국의 육군 근대화를 돕는다는 명분으로 군사 고문단을 파견하고 많은 군 장비들을 지원했다. 오스만군은 독일의 지원 아래 대규모 현대화 병력을 양성하기 시작했다. 이를 지켜보던 연합군은 불안해지기 시작했지만 오스만 제국은 공식적으로는 여전히 중립국이었다.

🌐 황당무계한 처칠의 먹튀 사건

1914년 6월 28일 오스트리아·헝가리 제국의 황태자 부부가 세르비아 청년에게 암살당한 사라예보 사건을 계기로 1차 세계대전이 발발하지만, 오스만 제국은 여전히 중립을 유지했다. 많은 지원을 받으며 독일과의 관계가 좋아졌지만, 오스만 제국은 독일의 지원을 받기 전부터 이미 영국과 프랑스로부터 많은 경제적 지원을 받고 있었다. 게다가 당시 세계 최강국이던 영국을 한순간에 적으로 돌리기에는 엄청난 결단이 필요했다. 오스만 제국은 어떻게든 자신들의 실리를 취하며 이 전쟁의 소용돌이에 휘말리지 않도록 몸을 사리는 것이 최선이었다. 하지만 세상 모든 일이 그렇듯 예기치 못한 사건으로 역사의 흐름이 바뀌고, 전쟁을 피하려던 오스만 제국의 본래 의도와는 다르게 여론이 뒤집히는 결정적 사건이 터진다.

바로 오스만 제국이 영국에게 제작 의뢰한 신형 전함 2척을 받지 못한, 일명 '처칠의 군함 먹튀 사건'이 일어난다. 이 일로 중립을 유지하던 오스만 제국 내 여론이 폭발하기에 이른다. 전운이 감돌던 당시 오스만 제국의 분위기가 심상치 않자 인기가 많던 영국의 젊은 해군성 장관 윈스턴 처칠은 오스만 제국에게서 의뢰받은 신형 전함 2척을 주지 않기로 결정한 것이었다. 거기에 한술 더 뜬 처칠은 어이없게도 이 전함들을 영국 해군에 배치하는 양아치 짓까지 하며, 국가 간의 거래에서 있을 수 없는 일을 저질렀다.

이미 대금을 모두 지급한 상태였던 오스만 제국은 그야말로 어이를 상실했고, 국민 여론도 급격히 악화하였다. 그리고 이때 독일 전함 2척이 영국 함대에 쫓겨 오스만 제국의 항구로 들어오게 된다. 독일은 어차피 영국 함대 때문에 다시 독일로 돌아올 수 없었던 이 2척을 오스만 제국에 무상으로 넘겨주며 의도가 다분한 호의를 베푼다. 결국 이 2척의 전함이 흑해에서 러시아를 공격하며 오스만 제국은 동맹국 편에서 참전하게 된다. 어떻게든 전쟁을 피하려던 오스만 제국의 노력은 처칠로 인해 무산되었고, 러시아와 오스만 제국 사이에 또 하나의 전선이 형성되었다.

🎯 처칠이 쏘아 올린 작은 공

곧바로 오스만 제국이 지중해와 흑해를 연결하는 다르다넬스 해협을 봉쇄하자 연합군에게는 당장 보급에 문제가 생기기 시작했다. 동부 전선에서 독일에 고전하고 있던 러시아는 빈약한 무장을 채울 최신 무기 공급이 필요했다. 하지만 다르다넬스 해협이 막혀 영국, 프랑스 함대는 러시아까지 갈 수가 없었다. 서부 전선의 참호전으로 연합군은 피해가 막심했기에 반대편 동부 전선에서 러시아가 독일군의 세력을 약화해 서부 전선의 압박을 풀 필요가 있었다. 하지만 영국, 프랑스, 러시아 간의 연계가 실패하며 점점 전황이 어려워지고 있었다. 조급해진 영국은 어떻게든 이 해협을 뚫어야 했고, 오스만 제국 역시 이런 영국의 행보를 예상하였다.

세계 최강의 해군력을 자랑하던 영국 해군의 우두머리 처칠은 영국·프랑스 연합 해군이 다르다넬스 해협을 무력으로 통과한 후, 오스만 제국의 수도 콘스탄티노플까지 한 번에 진격하는 야심 찬 작전을 세운다. 그러나 요새화된 다르다넬스 해협 통과에 큰 피해가 예상되는 무모한 작전이었고 당연히 현장 지휘관들도 강하게 반대했다. 하지만 오스만군을 약골이라 생각했던 처칠은, 작전을 반대하던 육군을 배제하고 영국 해군만으로 밀어붙이는 만용을 부린다.

그러나 썩어도 준치라고 했던가? 수백 년간 유럽과 아프리카 지역을 호령하던 오스만 제국의 저력은 상상 이상이었다. 오스만군은 독일군의 도움을 받아 철저하게 해협 방어를 준비하고 있었다. 해협 양쪽에 수십 문의 해안 포대와 이동용 곡사포, 탐조등을 설치했고, 함선들에 치명적인 기뢰도 물속에 잔뜩 깔아두는 등 만반의 준비를 마친 상태였다. 그도 그럴 것이 다르다넬스 해협이 뚫린다면 수도인 콘스탄티노플까지 순식간에 위험해질 것이고, 오스만군의 입장에서는 국가의 존망이 걸린 문제였다.

1915년 2월 19일 영국과 프랑스의 대규모 연합 함대가 다르다넬스 해협에 위풍당당한 모습을 드러냈다. 그들은 전함과 순양함, 소해함 등 백여 척 규모의 막강한 전력을 가지고 있었다. 전투 초반, 연합 함대는 어마어마한 화력으로 오스만군의 해안 포대를 파괴했다. 하지만 오스만군은 즉시 반격에 나섰고 그들의 해안포 위력도 절대 만만치 않았다. 결국 더욱 깊숙이 해협으로 들어오던 연합 해군은 큰 낭패를 당하게 된다.

오스만군은 영국이 예상했던 것보다 훨씬 치밀하게 방어 준비를 해 두었고 전투 의지 또한 강했다. 1915년 3월 18일 무리하게 해협으로 들어오던 연합 함대는 오스만군이 깔아 놓은 기뢰를 건드렸고, 그로 인해 연합군의 전함 3척이 침몰하고 1척은 대파되었다. 한 번에 수백 명의 병력을 잃은 연합 해군은 황급히 후퇴했고, 자신만만했던 처칠은 이 사건에 책임을 지고 물러나게 된다. 당당했던 그의 등장과는 달리 씁쓸한 퇴장이었다. 하지만 처칠의 불행은 여기서 끝이 아니었다.

◉ 갈리폴리 전투, 새로운 영웅의 탄생

영국은 처칠의 무모한 계획과 연합 해군의 삽질로 다르다넬스 해전에서 큰 패배를 당했다. 이후 영국은 절치부심하여 해군 단독 작전이 아닌 육군과 연계한 대규모 상륙 작전 계획을 다시 세웠다. 상륙 병력은 영국 본토에서 파견된 육군 보병사단과 영국 해병대, 프랑스군 등이 동원되었다. 특히 영연방의 일원으로 호주와 뉴질랜드에서 파견된 ANZACAustralian and New Zealand Army Corps군 등 8만여 명의 육군 병력이 상륙 작전에 동원되었다. 그들은 강력한 함포를 보유한 해군의 엄호 아래 육군이 상륙하여 그대로 콘스탄티노플까지 진격할 계획이었다. 그리고 이들이 상륙할 곳이 바로 갈리폴리 반도였다.

하지만 문제는 타이밍이었다. 영국의 상륙 작전은 준비 과정에서 6주가량이나 늦어졌고, 그 덕에 오스만군은 시간을 벌 수 있었다. 그들은 6주 동안 병력을 10만 명 가까이 보충했고, 다르다넬스 해전으로 파괴되었던 요새들과 해안포들을 다시 보강했다. 대규모 상륙 작전의 경험이 없던 연합군의 시행착오로 피 같은 시간을 낭비한 꼴이 되었다. 오스만군의 전력이 보강되기 전이라면 충분히 가능한 작전이었으나, 결국 연합군이 낭비한 이 6주라는 시간이 갈리폴리 전투의 승패를 좌우하게 된 것이다.

한편 오스만 제국에서는 갈리폴리 전투를 이끈 영웅이 탄생했다. 당시 오스만군 지휘관은 촉망받던 장교 무스타파 케말Mustafa Kemal 대령이었다. 그는 전쟁 후 오스만 제국을 무너뜨리고 지금의 튀르키예 공화국을 세워 국부가 되는 인물이다. 케말 대령은 국운이 걸린 갈리폴리의 방어전을 철저하게 준비하였다. 전투 전에 그는 병사들을 모아 놓고 이런 비장한 연설을 한다.

> "우리가 무너지면 오스만 제국 본국이 무너지고, 우리에게는 노예 생활이 기다리고 있다. 제군들에게 미안한 말이지만, 오늘은 살아남기 위하여 싸우는 것이 아니라 죽기 위하여 싸워야만 한다. 그러나 이는 개죽음이 아니다. 오늘 우리들의 죽음이 조국을 지키는 밑거름이 될 것이며 그대들 이름은 남을 것이다. 나 역시 여기에서 무너지면 제군들과 같이 시체로 뒹굴고 있으리라."

무스타파 케말이 어떤 의지로 전투에 임했는지 알 수 있는 연설이다.

일정이 늦어지긴 했지만, 단단히 준비한 연합군은 과감하게 상륙 작전을 감행했다. 그러나 오스만군은 이미 케말 대령의 지휘 아래 모든 방어 준비를 끝낸 후 만반의 태세를 갖추고 있었고, 연합군은 이런 사실을 몰랐다.

1915년 4월 25일 새벽 6시 드디어 해군의 대대적인 지원 포격과 함께 연합군의 갈리폴리 반도 상륙 작전이 시작되었다. 작전은 간단했다. 상륙에 성공한 전초부대가 해안선에 교두보를 설치하면 후속 주력부대가 상륙해서 언덕 위의 오스만군을 공격한다는 계획이었다. 하지만 오스만군을 너무 얕보았던 탓일까? 지형 정찰도 제대로 하지 않았던 연합군은 허술한 작전 준비의 대가를 단단히 치르게 된다.

해안에 첫발을 디딘 연합군은 깜짝 놀라고 만다. 상륙 예정이었던 지역은 대규모 병력이 상륙하기 불가능할 정도로 협소한 지형이었고, 해안은 가파른 언덕이 병풍처럼 둘러싸고 있는 형태였다. 영국군 지휘부가 상륙 작전을 펼치기에 최악의 지점을 선택한 덕분에 오스만군은 언덕 위에서 연합군을 훤히 내려다보며 사격할 수 있었다. 그나마 상륙에 성공한 연합군들은 그 자리에 참호를 파고, 고지대에 있는 오스만군의 대포와 기관총 세례를 온몸으로 받을 수밖에 없었다.

게다가 상륙 병력이 철석같이 믿고 있던 막강한 해군 함정들조차 도움이 되지 않았다. 다르다넬스 해전에서 뜨거운 맛을 봤던 그들은 오스만군의 해안 포대 사정거리 밖에서 사격하느라 정확도가 떨어졌다. 반면 오스만군은 필사적이었다. 연합군의 육군 병력은 함포의 엄호 사격 덕분에 어떻게든 상륙했지만, 그 이후로는 해안에서 꼼짝도 할 수 없었다.

영국군은 서부 전선에서 수십만 명이 희생되며 악명을 떨친 참호전의 실수를 갈리폴리에서도 하고 있었다. 명령에 따라 허허벌판을 향해 무작정 돌격하는 황당한 전술만 반복하는 가운데 사상자는 기하급수적으로 늘어났다. 설사 병사들이 힘들게 언덕까지 도달하더라도 그곳에는 오스만군의 기관총들이 기다리고 있었다.

하지만 영국군 지휘부는 계속해서 이 좁은 해안으로 병력을 욱여넣었고, 좁디좁은 갈리폴리의 해안은 전사자들로 산을 이루어 갔다. 애초의 목표였던 콘스탄티노플로의 진격은 고사하고 연합군에게는 당장 갈리폴리의 해안을 벗어나는 것조차도 어려워질 지경이었다.

8월의 무더운 여름으로 접어들고 시간이 흐를수록 지루한 참호전과 함께 피해만 커지자, 영국군 지휘부는 ANZAC 병력을 동원한 돌격 작전을 계획했다. 기존의 계획과 별다를 바 없는 단순한 작전이었다. 해군 함포의 지원 포격으로 오스만군이 참호에서 고개도 들지 못하는 동안, ANZAC 병력이 과감하게 돌격한다는 작전이었다. 이 작전의 핵심은 함포들의 포격 속도에 맞춰서 보병이 뒤따르며 전진하는 타이밍에 있었다. 그런데 여기서 아주 사소하지만 치명적인 실수가 발생했다. 바로 화력 지원을 담당한 해군 지휘관과 돌격을 담당한 보병 지휘관의 시계를 서로 맞춰 놓지 않은 것이다. 해군 함포의 강력한 화망을 바탕으로 돌격했어야 할 ANZAC 병력은 함포 사격이 끝난 한참 후에야 돌격을 시작했다. 포격이 끝난 후 오스만군은 이미 진지를 보강하고 반격 준비를 하고 있었다.

ANZAC군은 무엇인가 이상하다고 느끼긴 했지만, 아무것도 모른 채 신호에 맞추어 참호 밖으로 용감하게 뛰쳐나갔다. 그렇게 돌격한 호주와 뉴질랜드 병사들은 얼마 가지도 못하고 오스만군의 기관총 화망에 걸려 모두 허무하게 쓰러져 갔다. 그들은 죽을 것이 뻔한 이 무모한 작전을 계속 강행했다. 결국 ANZAC군은 단 하루 만에 8천 명이 전사했고, 1만 8천 명이 부상당한다. 방탄 철모와 방탄복도 없던 시절, 그저 착검한 소총 1자루만 들고 기관총 앞으로 용감하게 돌진하던 이 젊은이들은 하루 만에 파리가 들끓는 고깃덩어리가 되어 버린 것이다.

🔘 끝나지 않는 대영제국의 삽질

이 참사 후로도 연합군은 상륙 지점에서 한 걸음도 전진하지 못하고 해안에 발이 묶이게 되었다. 무스타파 케말의 오스만군은 큰 피해를 보면서도 단단히 참호를 파고 끈질기게 버텼다. 전투가 장기화하자 양측의 희생자는 수십만 명을 넘어갔다. 상륙군에게 보급도 제대로 되지 않아 물과 식량조차 구하기 힘들었지만, 그런 상황에서도 연합군은 계속해서 해안에 추가 병력을 투입하였다. 그리고 오스만군에게 계속해서 박살 나는 상식적으로 믿기 힘든 바보짓을 여덟 달이나 지속했다. 방어하는 오스만군의 정신력과 투지도 대단했지만, 연합군의 멍청함도 그에 못지않은 대단한 전투였다.

결국 1916년 1월 9일 연합군은 패배를 인정하고 갈리폴리 반도에 고립된 병력을 힘들게 철수시켰다. 결과는 참혹했다. 연합군은 56만 명의 병력을 투입하여 25만 명의 사상자를 내었다. 콘스탄티노플 점령은커녕 몇 달 동안 갈리폴리 해안도 벗어나지 못한 상태에서 일어난 일이었다. 끝내 연합군은 아무 목표도 달성하지 못한 채 철수하였다.

오스만군 역시 25만 명의 사상자가 나왔고 엄청난 피해를 보았지만, 쓰러져 가는 오스만 제국의 마지막 자존심을 보여주며 국가 멸망의 위기에서 벗어났다. 이 전투로 오스만의 국민 영웅이 된 무스타파 케말 아타튀르크는 이후 오스만 제국의 혁명을 이끌었고 새로 탄생한 튀르키예 공화국의 초대 대통령이 되었다.

갈리폴리 전투는 오만함의 끝판왕 처칠과 무스타파 케말 아타튀르크라는 전쟁 영웅의 대결이기도 했다. 어찌 보면 무스타파 케말이 튀르키예 공화국을 세우는 데 처칠의 덕을 본 셈이다. 만약 처칠이 전함 2척을 아끼지 않아서 오스만 제국이 돌아서지 않았다면, 1차 세계대전이 더 빨리 끝났을 것이다. 많은 젊은이가 살아서 집에 돌아왔을 것이고 무스타파 케말 아타튀르크라는 영웅도 탄생하지 않았을 것이다. 갈리폴리 전투는 당시 세계 최강국이라 자부하던 영국의 자만심과 부주의가 낳은 끔찍한 패배였다. 당시 상륙 작전이라는 개념이나 전술도 희미했던 상황에서 갈리폴리 전투는 이후의 상륙 작전에 많은 영향을 주기도 했다.

비록 1차 세계대전 당시 서부 전선의 끔찍한 학살극들에 비해 덜 알려지긴 했지만, 갈리폴리 전투도 연합군과 오스만군의 엄청난 희생을 불러온 학살극이라고 할 수 있다. 갈리폴리 전투는 영국뿐 아니라 함께 참전했던 호주와 뉴질랜드에서도 최악의 전투로 기록되어 있다. 이 전투에서 전사한 호주와 뉴질랜드의 ANZAC 병력이 1만 5천 명 정도였는데, 당시 두 나라의 인구수에 비하면 어마어마한 희생이었다.

1차 세계대전 기간 동안 영연방국가로 참전하여 많은 사상자를 낸 호주와 뉴질랜드는 이후 국가 의식이 싹트며 영국에게 더 많은 권한을 요구했다. 결국 그들은 1차 세계대전이 끝난 후 영국 보호령을 벗어나 사실상 독립국의 지위를 얻었다. 1996년부터 호주와 뉴질랜드에서는 갈리폴리 전투가 시작된 4월 25일을 'ANZAC Day'로 기리고 있다. 이날은 우리나라의 현충일처럼 갈리폴리에서 희생당한 장병들을 추모하는 날이다. 또한 희생당한 양국 병사들을 위해 만들어진 추모공원에는 지금도 많은 사람이 방문하고 있다.

1914.8.3.
벨기에 침공

1916.2.21.
베르됭 전투

1916.7.1.
솜 전투

솜 전투

지옥문이 열리다

인류의 역사에서 참혹한 전투들은 셀 수 없이 많다. 역사를 바꾼 유명한 전투들부터 정확한 기록도 없는 작은 전투들까지 합하면 우리가 알고 있는 전투들보다 더 많을 것이다. 많은 전투 중에서도 가장 참혹한 전투를 꼽는다면 아마 제1차 세계대전 당시의 솜 전투Battle of the Somme가 가장 먼저 후보로 거론될 것이다.

솜 전투는 1916년 7월부터 11월까지 프랑스의 솜 지역에서 벌어진 전투로, 약 백만 명이라는 어마어마한 사상자가 발생하였다. 이 전투는 인류 역사상 가장 참혹했던 전투이자, 1차 세계대전 중에서도 최악의 전투로 불린다. 전투가 시작된 7월 1일 단 하루에만

5만 8천여 명의 영국군 사상자가 발생하였고 그중 1만 9천여 명이 전사하는 대참사가 일어났다. 이 숫자가 어느 정도인가 하면 10년 간 이어진 베트남 전쟁에서 5만 8천여 명의 전사자 나왔는데, 솜 전투에서는 그중 3분의 1에 달하는 인원이 하루 만에 전사한 것이다. 하루 만에 이 정도 사상자가 나온 전투는 기원전 216년에 카르타고의 명장 한니발의 작전에 말려들어 5만여 명의 로마군이 전사했던 칸나이 전투 말고는 솜 전투가 유일하다.

◈ 독일, 너는 계획이 다 있었구나

1차 세계대전은 독가스, 전차, 기관총 등을 사용하며 총력전, 참호전의 양상을 보이는 최초의 '세계대전'이다. 팽창할 대로 팽창한 유럽 제국주의 열강들의 갈등으로 1914년부터 1918년까지 벌어졌다. 사망자만 천만 명이 넘은, 인류가 역사상 처음으로 접한 대규모 살육전이었다. 이 시기에는 산업혁명 이후 기술 혁신으로 대량 인명 살상이 가능한 각종 신무기가 등장했고, 이때 탄생한 대량 살상 무기로 주요 참전국인 독일, 영국, 프랑스, 러시아조차도 일찍이 경험해 보지 못한 인명 피해 수치를 기록했다.

유럽 국가 간의 팽팽한 긴장감 속에 곧 전쟁이 일어날 것을 모두 느끼고 있었고, 이미 많은 나라들이 전쟁 계획을 세우고 있었다. 특히 독일은 서부 방향에 프랑스, 동부 방향에는 러시아가 있어 위치상 프랑스·러시아 연합국 사이에 끼인 모양새로, 전쟁이 일어나면 동서 방향으로 2개의 전선이 생겨 병력이 분산되는 것을 걱정하고 있었다. 독일은 이 상황을 타파할 목적으로 그 유명한 슐리펜 계획Schlieffen Plan을 세운다.

당시 독일의 참모총장인 슐리펜은 러시아가 다른 유럽 국가들에 비해 산업화가 덜 이루어져 막상 전쟁이 벌어지면 병력 동원에 상당한 시간이 걸릴 것으로 예상했다. 그래서 먼저 6주 정도의 단기전으로 프랑스를 박살 낸 후, 철도를 이용해 신속하게 병력을 동부 전선으로 이동하여 러시아까지 밀어 버린다는 아주 대담한 작전을 세웠다.

하지만 막상 전쟁이 시작되자 손쉽게 돌파할 줄 알았던 벨기에가 예상외로 끈질기게 저항하는 바람에 독일은 귀중한 시간을 많이 허비했다. 1914년 9월 프랑스의 수도인 파리의 코앞까지 진격했지만, 결정적으로 파리 근처 마른강 유역에서 벌어진 '마른 전투'에서 영국·프랑스 연합군에게 패배하고 말았다. 이렇게 단기 결전을 노렸던 슐리펜 계획은 무참히 실패했다. 독일의 입장에서는 야심 찼던 슐리펜 계획이 실패하고 진격이 저지되자, 일단 프랑스 점령 지역에서 참호를 파며 버티기에 들어갔다. 맞은편의 연합군도 방어를 위해 참호를 파기 시작했고, 독일군이 참호를 우회하기 위해 움직이자 상대방 참호도 같이 길어지기 시작했다. 서로 마주보며 대치하던 이 참호 지대는 계속 길어지다가 북해의 스위스 국경 지대까지 이르게 된다.

이제는 정면에 이중 삼중으로 촘촘하게 짜인 참호 지대를 돌파하는 것 외에 전진할 수 있는 길은 없었고, 양측 모두에게 엄청 난 소모전이 시작되었다. 이 시기에는 철조망, 기관총, 야포 등 방어에 유리한 무기들은 많았지만, 딱히 이렇다 할 공격 무기가 없었다. 지금이라면 드론을 이용한 정찰, 공군의 폭격, 화력이 막강한 장거리 무기를 이용해 참호 지대를 손쉽게 돌파했겠지만, 이때는 그런 신무기들이 없었다. 그저 포병들이 무지막지하게 포격한 후에 보병들이 허허벌판 진흙탕으로 무작정 돌격할 뿐이었다.

이들의 정면에는 자욱한 안개와 연기만이 있었고 그 뒤에 무엇이 기다리고 있는지 아무도 알 수 없었다. 호루라기 돌격 신호와 함께 수많은 젊은 군인들은 엄폐물 하나 없이 총알이 빗발치는 전장으로 뛰어나갔다. 하지만 보병들 앞에는 적들의 철조망과 기관총들이 기다리고 있었고, 이들은 적들의 참호까지 가 보지도 못한 채 전멸하는 경우가 부지기수였다.

서부 전선의 이런 소모적인 참호전 상황을 타개하기 위해 영국은 기존에 존재하지 않던 신무기를 개발했는데, 바로 '전차'이다. 전차는 고착된 전선을 돌파할 수 있는 무기로 기대를 모았지만 데뷔 초반에는 큰 활약을 하지 못한다.

결국 지지부진한 서부 전선 상황을 돌파하기 위해 연합군과 독일은 서로 비슷한 전략을 세운다. 바로 특정 장소를 점령하여 적군을 끌어들이고 그곳에서 병력을 소모하게 한다는 전략이었다. 독일은 그 결전의 장소로 프랑스의 요충지인 베르됭Verdun을 선택한다. 독일의 계획대로 베르됭에서 프랑스군은 괴멸에 가까운 병력

손실을 보지만, 독일군 역시 프랑스군만큼 엄청난 피해를 보았다. 이 베르됭 전투에서 독일군과 프랑스군의 희생자는 약 90만 명이었으며 누가 승자라고 할 수도 없을 정도로 끔찍한 살육전이 벌어졌다.

⊕ 진격의 헤이그

독일이 베르됭 전투를 계획할 때, 영국·프랑스 연합군도 독일과 비슷한 방식으로 솜 지역에서 대규모 반격을 준비하고 있었다. 하지만 갑작스러운 독일의 선공으로 베르됭 전투가 시작되자 솜 지역의 공세를 준비하던 프랑스군 주력이 급하게 베르됭으로 이동하였다. 이제 솜 전투의 주력은 영국군이 되었다.

당시 영국군에는 저돌적인 스타일의 더글러스 헤이그Douglas Haig 장군이 총사령관으로 있었다. 그는 독일과 마찬가지로 솜 지역에서 적의 전력을 최대한 소모하게 하는 작전을 세웠고, 가능하면 서부 전선의 교착 상태를 끝내고자 하는 욕심이 있었다. 헤이그 장군의 계획은 간단했다. 포병 화력을 쏟아 부어 독일군 참호의 철조망과 기관총들을 철저하게 무력화시킨 후, 보병들이 육탄 돌격하여 참호를 점령하는 것이었다. 이어서 포병들이 두 번째 참호 방어선에 포격을 가하면 또다시 보병이 돌격하는 작전이었다. 아마도 당시의 장비와 기술로는 최선이었을지도 모른다. 잘못된 전술이라고 할 수는 없지만, 아군 포병의 위력과 적들의 준비 태세 등

사전에 계산하지 못한 변수들이 너무 많았다.

1916년 7월 1일 오전 7시 30분, 드디어 영국·프랑스 연합군은 요란한 호루라기 돌격 신호와 함께 안개 속을 뚫고 적의 진지로 돌격했다. 헤이그 장군의 계획에 따라 영국과 프랑스의 24개 사단, 75만 명의 대병력이 동원되었고, 약 일주일간 독일군 참호 진지에 사전 포격으로 3백만 발의 무지막지한 포탄을 퍼부었다. 엄청난 포병 지원 사격을 본 연합군 보병들은 기세가 올라갔고 그들 모두가 압도적인 승리를 예상했다. 참호를 호기롭게 뛰쳐나오던 연합군 보병들은 이미 포병들이 적의 진지를 다 박살 냈으니, 느긋하게 돌격할 생각을 하고 있었다. 심지어 포병들이 다 박살 내 버려서 자기들이 가도 할 것이 없지 않겠냐는 농담까지 할 정도였다.

하지만 영국군의 이런 허세는 오래가지 못했다. 예상과는 달리 일주일간의 엄청난 포격을 받고도 독일군의 기관총과 참호들은 거의 다 살아남아 있었다. 공격 개시 첫날에만 무인 지대No Man's Land에서 1만 9천여 명의 영국군이 말 그대로 떼죽음을 당했다. 영국군 역사상 최악의 기록이었다. 부상자까지 포함하면 5만 8천여 명의 병력이 하루 만에 사라졌고, 그들은 1km도 채 전진하지 못했다. 심지어 백여 명으로 이루어진 중대 1개가 독일군 기관총 1정에 제압당한 곳도 있었다. 영연방 캐나다군 소속의 뉴펀들랜드 연대는 공격 개시 30분 만에 전체 병력 780명 중 710명 이상이 쓸려 나가며 전멸하였다. 왜 이런 참사가 벌어졌을까?

가장 큰 이유는 연합군 포병이었다. 연합군 포병이 쏜 포탄들은 품질 불량으로 불발탄이 많았고, 부정확한 포격으로 목표를 파괴하지 못한 곳도 많았다. 또한 땅의 토질도 물러서 포탄이 폭발하지 않고 그대로 박혀 버리는 경우도 있었다. 그에 비해 독일군은 땅속 깊이 참호를 파서 포격에 대비했고 기관총도 안전하게 보관하여 연합군의 포격에 거의 피해를 보지 않았다.

당연히 연합군의 공격을 예상한 독일군은 포격이 끝나자마자 참호로 올라와 기관총을 설치하고 돌격해 올 연합군을 느긋하게 기다렸다. 하지만 영국군 지휘부는 형편없는 포격을 했음에도 독일군 진지를 박살 냈을 것이라 오판하였고, 정확한 상황판단 없이 무작정 돌격 지시를 내려 대학살로 이어지고 말았다. 설상가상으로 보병들은 공격에 성공한 후 적지에서 오랫동안 버틸 것이라 예상하여 각자 탄약과 식량 등을 담은 25kg의 군장을 지고 돌격하였다. 지시를 내린 영국군 지휘부와 병사들이 얼마나 안이한 생각으로 돌격했는지 알 수 있는 대목이다.

심지어 저돌적인 성격의 헤이그 장군은 아군의 엄청난 희생에도 오직 '공격 앞으로'만을 외치며 계속해서 병력을 투입하였다. 일진일퇴의 지루한 참호전은 계속되었고, 서로의 참호 사이에 있는 무인 지대에는 양측 병사들의 시신만 쌓여 갔다. 거대한 전장은 마치 양측 병사들의 피를 빨아들이는 솜뭉치 같았다.

이후 네 달간 더 이어진 솜 전투로 그들은 혹독한 피의 대가를 치렀다. 이 전투에서 영국군 약 42만 명, 프랑스군 약 20만 명, 독일군 약 50만 명으로 총 백만 명이 넘는 사상자가 나왔다. 연합군은 전략적 가치도 별로 없는 개흙밭을 겨우 10km 정도 전진했고 고작 이 반경 10km 안에서 백만 명이라는 어마어마한 사상자가 발생했다.

이들은 참호 안에 숨어 있는 적들을 효과적으로 죽이기 위해 독가스와 화염방사기 같은 끔찍한 무기 사용도 서슴지 않았다. 또한 착검한 채 돌격하여 서로 얼굴을 마주하고 육박전을 벌이며 매일 서로를 죽였다. 하지만 군 지휘부는 아랑곳하지 않았다. 죽어나간 병사의 수만큼 신병을 보충하였고, 이 병력이 다 죽으면 또다른 신병을 밀어 넣었다. 이런 솜 전투를 지휘한 양측 지휘관들은 애국을 앞장세워 학살을 저지른 전쟁 범죄자나 다름없었다.

한바탕 전투가 끝나면 양측 모두 잠시 멈추고 썩어 가는 시신을 정리하여 중앙을 다시 무인 지대로 만들었다. 시신 정리가 끝나면 다시 전투를 벌였다. 그들은 이 말도 안 되는 지옥 같은 일상을 네 달이나 반복하였다. 오죽하면 전투를 할 수 있는 적령기의 남자들이 더 이상 남아 있지 않아서 전쟁이 끝났다는 말이 있을 정도였다.

전쟁이 시작될 때만 해도 금방 끝이 날 줄 알았다. 많은 젊은이가 민족주의와 애국심, 전쟁에 대한 막연한 낭만에 빠져서 너도나도 지원하였고, 오히려 전쟁에 지원하지 않은 젊은이들이 겁쟁이 취급을 받았다. 하지만 전쟁의 대가는 처참했다. 1차 세계대전이라는 지옥에서 살아 돌아왔지만 수많은 사람이 불구가 되어 여생을 살아야 했다. 처음 겪어 보는 끔찍한 전쟁의 참상은 후유증을 남겼고 그들은 남은 인생도 지옥에서 살았다.

⊕ 솜 전투, 그 이후

수많은 사상자를 낸 전투였지만, 한편으로는 영국군의 참호전 전투 능력 상승의 계기가 되었고, 세계 최초의 전차인 마크원 Mark 1이 데뷔하기도 했다. 전차라는 신개념 무기의 출현은 독일군에게 큰 충격을 주었고 나름대로 효과도 있었지만, 초창기 모델이라 많은 결함과 잦은 고장으로 결정적인 활약은 하지 못했다. 또한 솜 전투는 베르됭에서 독일군의 압력을 약화하였고 결국 프랑스군에게 승리를 가져다주었다. 독일군은 베르됭과 솜에서 엄청난 병력을 잃으며 서부 전선에서 패색이 짙어졌지만, 영국·프랑스 연합군도 기진맥진하긴 마찬가지였다.

이렇게 치열했던 1차 세계대전의 여파로 세계 질서는 재편성되었다. 이 전쟁의 주 무대였던 유럽은 더 이상 세계의 중심이 아니게 되었다. 국가의 미래를 이끌어 가야 할 수많은 젊은이가 전쟁터에서 사라졌고, 천문학적인 전쟁 비용으로 국가 경제는 허덕였으며, 온 국토는 초토화되었다. 반면, 바다 건너에서 전쟁 중인 유럽에 군수 물자들을 공급하며 승자의 편에서 싸운 미국과 일본이 서서히 강대국으로 발전하여 세계 무대의 중심으로 나오게 된다.

무기 면에서도 많은 혁신이 일어났다. 적들을 더 멀리서, 더 빨리, 더 많이 죽일 수 있는 새로운 신무기들이 개발되었고 그에 걸맞은 새로운 전략과 전술들이 생겨났다. 특히 긴 사거리와 정확성을 가진 소총들이 보급되었고, 기관총과 같은 대량 살상이 가능한 자동 무기들이 비약적으로 발전했다. 이후 과거처럼 화려한 옷을 입고 말을 타고 달리며 싸우거나 칼을 이용한 전투들은 사라졌다.

이때 만들어진 전차는 비록 1차 세계대전에서는 기술력이 뒷받침되지 않아 큰 활약은 못 했지만, 이후 지상의 전투를 완전히 새로운 방식으로 바꿔 놓았다. 전차의 가치를 예상한 세계 각국은 경쟁적으로 전차 개발에 뛰어들었고, 이후 발생하는 제2차 세계대전에서 결정적인 역할을 하게 된다. 또한 본격적인 항공기의 활약이 시작되며 공중전은 더욱 치열해지고 독일의 유보트 잠수함, 독가스, 화염방사기 등도 치명적인 위력을 발휘하며 악명을 떨친다. 전쟁을 치를수록 기술 발전은 더 빨라졌고 살상 무기가 더 많이 개발되었다. 그리고 또 다른 전쟁을 치르면서 무기들은 더욱 개량되고 발전하였다. 지금 존재하는 모든 최신 무기는 이렇게 수많은 사람의 피를 빨아먹고 성장한 괴물과 다름없다.

당시 영국군에서 촬영한 〈솜 전투〉는 유네스코 세계기록유산에 등재되었다. 영국에서는 지금도 솜 전투 게시일인 매년 7월 1일에 솜 전투의 희생자들을 기리는 추모 행사가 열리고 있다. 또한 영국군은 1차 세계대전 당시 춥고 습한 참호에서 오래 버티기 위해 방수 기능이 있는 코트를 지급했는데, 참호에서 입는 옷이라고 하여 '트렌치코트Trench Coat'라고 불렸다. 이후 코트를 개발한 토머스 버버리의 이름을 따서 '버버리 코트'라고도 불리며, 지금까지도 대중들의 사랑을 받는 패션 아이템으로 자리 잡고 있다.

1939.8.31.
글라이비츠 방송국 습격 사건

1939.9.1.
폴란드 침공

1940.5.26.
됭케르크 철수 작전

마지노선

무너진 프랑스의 자존심

흔히 일상에서 자주 쓰는 표현 중에 '마지노선'이라는 말이 있다. 한계선 또는 최후의 방어선이라는 뜻으로 더 이상 물러설 곳이 없다는 의미로 많이 사용한다. 그러나 마지노선이 사자성어인 줄 아는 사람이 있을 정도로 어원을 제대로 아는 사람은 의외로 많지 않다.

마지노선Maginot Line은 프랑스가 1927년부터 독일과의 국경 지역에 설치한 거대한 요새의 이름이다. 프랑스는 이 난공불락의 강력한 요새만 믿고 방심하다가 기동과 기습을 최대한 활용한 독일의 전격전에 휘말려 제2차 세계대전 초기 허무하게 무너져 버린다. 프랑스는 제대로 싸워 보지도 못하고 독일에 패하게 되는데, 이 배경에는 마지노선이 있었다.

🌐 제2차 세계대전의 시작

1939년 8월 31일 독일과 폴란드 국경 지대에 있는 독일의 글라이비츠 방송국이 공격당한 사건이 벌어졌다. 이는 폴란드가 먼저 독일을 공격했다는 명분을 만들기 위한 독일의 자작극이었고, 폴란드군으로 위장한 독일군이 방송국으로 침입해 폴란드가 독일에 선전포고한다는 내용을 발표했다. 다음 날 글라이비츠 방송국 자작극 사건을 빌미로 독일은 영토 분쟁 중이던 폴란드를 침공하며 전쟁을 일으켰고, 결국 2차 세계대전이 발발했다.

비운의 국가 폴란드는 한 달여간 끈질기게 저항했지만 결국 압도적인 독일군의 전력에 항복을 선언하였다. 당시 동맹이었던 영국과 프랑스는 이 지경이 될 때까지도 그 어떤 직접적인 조치도 취하지 않은 채 멀리서 멀뚱멀뚱 지켜보기만 할 뿐이었다.

반면 독일은 치밀했다. 1939년 8월 폴란드 침공에 앞서 비밀리에 소련과 불가침 조약을 맺었다. 독일은 이로써 동쪽의 소련을 걱정할 필요가 없어졌고 서쪽의 프랑스와 영국만 상대하면 됐다. 소련도 독일이 전쟁을 일으키자마자 폴란드를 침공하며 두 국가의 가운데 끼어 있던 폴란드를 사이좋게 나눠 먹지만, 히틀러의 욕심으로 이 조약도 깨진다.

독일은 폴란드에 이어 노르웨이와 덴마크까지 순식간에 점령하며 유럽을 먹어 가고 있었고, 다음 목표는 프랑스였다. 독일은 1차 세계대전 당시 박 터지게 싸웠던 프랑스에 앙금이 남아 있기도 했지만, 유럽 점령이 목표인 히틀러에게는 프랑스 격파가 1순위 과제였다.

당시 세계 최강의 해군을 가진 국가가 영국이라면, 프랑스는 최강의 육군을 보유한 나라였다. 게다가 유럽에서 막강한 육군을 가진 독일군을 상대할 수 있는 나라는 사실상 프랑스뿐이었다. 영국은 어차피 섬나라여서 독일에 당장 위협이 되지 않았다. 해군 병력이 한 줌밖에 없는 히틀러로서는 국경을 맞대고 있는 프랑스가 가장 위협적이며 가장 먼저 격파해야 할 국가였다.

독일의 폴란드 침공으로 동맹국이던 프랑스와 영국은 자동으로 참전이 확정된 상태였다. 하지만 독일과 프랑스는 서로 으르렁대기만 할 뿐, 누구도 먼저 섣불리 싸움을 걸지 못했다. 그들은 1차 세계대전 당시 서부 전선에서 열린 지옥문을 경험했고, 양측 모두 너무 끔찍한 피해를 본 것이다. 솜 전투와 베르됭 전투에서만 수십만 명의 군인들이 전사했고, 그보다 더 많은 군인이 불구가 되어 조국으로 돌아왔다. 국토는 초토화되었고 승패와 상관없이 양측 모두 엄청난 피해를 본 것이다. 다시 독일과 프랑스의 전면전이 벌어질 경우 1차 세계대전의 살육전이 반복되지 않으리라는 보장은 없었다.

◈ 난공불락의 요새, 마지노선

프랑스는 1차 세계대전 당시 130만 명의 전사자를 냈고, 프랑스 국민은 다시 전쟁이 일어나는 것을 결사반대하였다. 그에 따라 나폴레옹 시절부터 공격적인 전략을 구사해 오던 프랑스 육군은 방어 위주의 전략으로 완전히 바뀌게 된다. 피해가 클 수밖에 없는 공격 전략을 버리고 단단한 방어선 안에서 버티며 피해를 최소화하는 전략을 세웠다. 물론, 이후 프랑스 대통령이 되는 드골Charles de Gaulle 같은 인물은 이런 단순한 전략에 반대했지만, 그보다도 방어선을 구축하자는 여론이 더 강했다. 그리하여 1927년부터 프랑스 국방 장관 앙드레 마지노Andre Maginot의 주도로 가장 적대적인 독일과의 국경 지대에 마지노선을 건설하기 시작했다.

먼저 프랑스와 독일이 직접 맞닿은 국경 지역에는 350km의 방어선이 건설되었다. 최초의 계획은 벨기에를 지나 북해까지 750km 정도의 방어선을 만드는 것이었다. 그러나 벨기에는 전쟁이 일어났을 때 자신들이 총알받이가 될 것을 걱정하여 이 계획에 반대했다. 프랑스는 비용 문제와 더불어 같은 편인 벨기에와의 사이에 굳이 방어선이 필요 없다고 판단했고, 벨기에 쪽 국경에는 상대적으로 단순한 방어 시설만 지었다.

마지노선은 하나의 독립된 요새가 아니라, 각각의 요새가 유기적으로 연결된 하나의 거대한 방어 라인이었다. 국경의 거점마다 강력한 요새를 짓고 지하를 내부 철도망으로 연결했다. 수많은 대

마지노선

전차 장애물과 142개의 요새, 5천 개가 넘는 강력한 콘크리트 벙커가 국경을 따라 촘촘하게 배치되었다. 또한 지하에는 식량과 탄약 저장 창고를 비롯한 생활 시설이 있었고, 급수 시설과 통신 시설, 발전기 등으로 자급자족이 가능하였다. 마지노선은 수십만 명의 병력이 주둔하며 외부의 적으로부터 오랫동안 버틸 수 있는 거대한 지하도시와 같았다. 프랑스는 모든 역량을 동원하여 천문학적 비용을 투자했고, 당대 최신 기술을 사용하여 엄청난 규모의 요새를 건설했다.

마지노선이 지어지자 프랑스는 심상치 않은 분위기의 독일을 경계하면서도 한편으로는 안도하고 있었다. 특히 프랑스 국민은 전쟁의 분위기 속에서도 독일의 침략을 크게 걱정하지 않았는데, 이는 난공불락의 요새인 마지노선이 주는 심리적 안정감 덕분이었다.

◈ 허를 찌른 독일의 작전

한편 독일은 이 마지노선 때문에 섣불리 프랑스를 공격하지 못하고 있었다. 마지노선은 1차 세계대전 때의 참호와는 비교도 안될 정도로 강력한 방어선이었고, 독일은 참호전의 끔찍함을 너무나 잘 알고 있었다. 독일의 히틀러는 골치가 아팠다. 상식적으로 이 마지노선 요새를 뚫는 것은 거의 불가능해 보였고, 유일한 진격로인 벨기에 쪽에도 강력한 연합군 주력이 버티고 있었다. 어느 쪽으로 공격해 들어가더라도 피해가 클 수밖에 없었다. 마지노선은 독일군이 아닌 어느 군대가 와도 절대 뚫을 수 없는 요새였기에 히틀러는 다른 방법을 고민할 수밖에 없었다.

독일군이 바보가 아닌 이상 마지노선을 피해 공격할 것이고, 그렇다면 침공 루트는 1차 세계대전 때와 같이 벨기에를 통과하는 것뿐이었다. 이런 독일의 공격을 예상한 프랑스·영국 연합군은 벨기에 방향에 주력을 집중시켜 놓았다. 하지만 여기서 대반전이 일어난다. 정작 프랑스를 침공한 독일군은 벨기에도 아니고 마지노선도 아닌 곳으로 진격한 것이었다.

독일군 기갑부대가 진격한 곳은 아르덴 숲이었다. 이곳은 룩셈부르크와 벨기에 그리고 프랑스 북부에 걸쳐 있는 험한 지형의 삼림 지대로, 대규모 기갑부대가 기동하기에는 부적합한 곳으로 알려져 있었다. 하지만 전략의 천재라는 독일의 에리히 폰 만슈타인 Erich von Manstein 장군의 생각은 달랐다. 그는 연합군의 방어가 느슨한 빈틈을 노렸고 작전은 대성공이었다. 허를 찔린 연합군은 연전연패하며 순식간에 와해되었다.

독일의 명장 하인츠 구데리안과 에르빈 로멜 장군이 직접 기갑 사단을 이끌고 아르덴 숲을 돌파하였다. 1940년 5월 10일 독일의 대규모 기갑부대는 엄청난 속도로 밀고 들어와 연합군을 둘로 갈라 버렸다. 그 후 영국 주력부대는 독일군의 전격전에 밀려 퇴로가 막힌 채 됭케르크Dunkirk에 포위되고 만다.

이후 영국·프랑스 연합군은 사상 최대 규모의 철수 작전 다이너모Operation Dynamo를 펼친다. 극적으로 33만여 명의 병력을 프랑스의 됭케르크에서 바다 건너 영국으로 철수시키는 데 성공했다. 영화 〈덩케르크〉에도 묘사되었듯이 민간인 선박까지 동원되었을 정도로 필사적인 후퇴였다. 만약 됭케르크에 포위된 연합군 병력이 섬멸되었다면 2차 세계대전의 승패는 바뀌었을지도 모른다. 실질적으로 됭케르크에 포위되어 있던 병력은 영국군의 주력이었고, 전쟁 초반에 주력부대가 괴멸되면 영국 육군은 없는 것이나 마찬가지였다. 비록 강력한 해군이 남아 있었다고는 하나, 미국이 참전하기 전까지 유럽 전선에서 독일과 대적할 수 있는 유일한 병력이 없어지는 것이었다.

✣ 유명무실 마지노선

한편 마지노선에서는 또 다른 독일군 병력이 이곳에 주둔하고 있는 프랑스 병력을 잡아 두기 위해 얼쩡거리며 시선을 끌고 있었다. 그러나 애당초 연합군의 예상과는 다르게 독일군이 아르덴 숲으로 넘어오는 바람에 마지노선에 주둔하던 80만 명의 프랑스군 정예 병력은 수도인 파리가 점령당하는 것을 두 눈 뜨고 가만히 지켜볼 수밖에 없었다. 전무후무한 방어력을 자랑하던 마지노선의 병력은 이러지도 저러지도 못하고 갇혀만 있다가 제대로 싸워 보지도 못하고 앞뒤로 포위된 채 항복하고 만다. 마지노선 자체가 뚫린 것은 아니었지만 조국인 프랑스가 함락되는 동안 그들은 아무것도 하지 못하였다.

독일은 허를 찌르는 대담한 작전으로 1차 세계대전 당시 4년 동안 함락하지 못했던 파리를 단 5주 만에 함락하였다. 강력한 연합군의 한 축으로 유럽 최강의 육군을 보유하고 있던 프랑스는 단 5주 만에 허무하게 무너지며 세상을 놀라게 했다. 전쟁 전에는 대부분 영국의 해군과 프랑스의 육군이라는 강력한 전력을 보유한 연합군의 우세를 점쳤지만, 예상치 못했던 독일의 전격전에 연합군은 속절없이 무너졌다. 프랑스는 개전하자마자 깨졌고 영국군은 됭케르크에서 구사일생으로 탈출하였다.

당시 프랑스의 상황에서는 마지노선과 같은 방어 전략이 최선이었을 수도 있다. 1차 세계대전 당시 참호전의 악몽을 경험한 프랑스 국민은 더 이상 자국 젊은이들의 희생을 바라지 않았고 본토에서의 전투도 피하고 싶었다. 프랑스는 극히 현실적인 선택을 했지만 다른 한편으로는 미래 예측에 실패했다고 할 수 있다. 그들은 독일이 개전 초에 보여 준 전차와 항공기를 이용한 전격전의 전술을 전혀 예상하지 못했다. 이미 지상전보다는 공군의 힘이 전쟁의 승패를 좌우하는 상황이었고, 마지노선 같이 고정된 요새는 강력한 공군력 앞에서는 무용지물이었다. 물론 마지노선이 독일 공군에 의해 무너진 것은 아니었지만, 국가가 사활을 걸고 건조한 시설이라기에는 굉장히 근시안적인 대책이었다. 결정적으로 프랑스군은 마지노 방어선을 너무 믿고 있었다. 조국을 지키기 위해 지어졌지만 제 역할을 하나도 하지 못한 마지노선의 일부 시설들은 지금도 프랑스 곳곳에 남아 관광지로 활용되고 있다.

1940.4.8.
노르웨이 침공

1940.4.10.
나르비크 해전

1940.5.10.
프랑스 침공

노르웨이 침공

힘없는 국가의 서러움

제1차 세계대전이 끝나고 독일은 패전국으로서 막대한 배상금을 물어야 했고, 여기다 세계적인 대공황까지 겪으며 심각한 경제적 위기를 맞는다. 이후 독일 내에서 경제 재건을 약속한 히틀러와 나치당이 대안으로 떠오르며 독일 국민은 민족주의를 내세운 나치당을 선택하게 된다. 그리고 이 선택은 다시 한번 전 세계를 전쟁에 빠트리는 선택이 되고 만다.

◈ 마침내 시작된 제2차 세계대전

1939년 9월 독일이 전격적으로 폴란드를 침공하며 제2차 세계대전이 발발했다. 폴란드도 전쟁의 기운을 느끼고 만반의 대비를 하고 있었지만, 전쟁을 치밀하게 준비한 독일의 상대가 되지는 못했다. 폴란드는 동맹을 맺고 있던 영국과 프랑스의 도움을 애타게 기다렸지만, 그들은 준비되어 있지 않았다.

나치 독일이 오스트리아와 체코슬로바키아를 점령할 때까지도 영국과 프랑스는 미적지근한 반응을 보이며 별 대응을 하지 않았다. 이에 자신감을 얻은 히틀러는 폴란드까지 은근슬쩍 먹으려고 했다. 그러나 히틀러의 계획과는 다르게 영국과 프랑스가 참전하면서 전쟁은 장기전의 양상을 보였다. 1차 세계대전의 악몽이 남아 있던 영국과 프랑스는 어떻게든 전쟁을 피하려고 했으나, 유럽 국가들이 하나둘씩 점령당하자 더 이상 두고 볼 수만은 없었다.

소련과 '독소 불가침 조약'을 맺고 폴란드까지 삼켜 버린 히틀러의 다음 상대는 프랑스와 영국이었다. 그러나 히틀러의 입장에서 국경을 맞대고 있는 프랑스는 유럽 최강의 육군을 보유하고 있었고, 바다 건너 영국은 당대 최강의 해군 전력을 가지고 있어 쉽게 안심할 수 없었다.

독일의 경제는 당시 유럽에서 최대 규모였지만 원자재의 절반 이상을 해외수입에 의존하는 매우 치명적인 약점이 있었다. 독일은 전쟁의 장기전에 대비하여 무기를 제작하는 철광석 같은 자원이 반드시 필요했다. 게다가 빈약한 독일의 해군력으로는 막강한 영국 해군의 해상 봉쇄를 뚫을 수가 없었다. 3백 척이 넘는 영국 함대는 전 세계를 무대로 활약할 만큼 균형 잡힌 전력이었고, 독일은 유보트 잠수함 외에 전력이라고 할 만한 것이 없었다. 또한 1차 세계대전 당시 영국의 해상 봉쇄 작전으로 자원 부족에 시달리며 큰 고생을 했던 경험이 있었기에 독일로서는 말라 죽기 싫으면 새로운 방법을 찾아야만 했다.

🜨 노르웨이의 운명

북유럽에 있는 중립국 스웨덴은 독일에 양질의 철광석을 공급하고 있었다. 이 철광석은 노르웨이의 부동항인 나르비크항Narvik을 통해 독일로 넘어오고 있었다. 독일과 스웨덴에도 인접한 항구가 있었지만 여기는 겨울이 되면 얼어 버렸다. 독일의 안정적인 철광석 수급에는 노르웨이 항구가 필수적이었다. 또한 독일이 노르웨이를 점령하면 북해 진출은 물론 영국의 해상 봉쇄선을 크게 후퇴시킬 수도 있었다. 독일은 이런 이유를 들어 '베저위붕 작전Operation Weserübung'을 수립한다.

물론 영국도 바보가 아니었다. 영국도 이미 독일의 이런 계획을 예상했고 두 가지의 노르웨이 침공 작전을 세웠다. 바로 '윌프레드 작전Operation Wilfred'과 'R4 계획'이었다. 윌프레드 작전은 비상시 노르웨이에서 독일로 이어지는 철광석을 수송하는 뱃길을

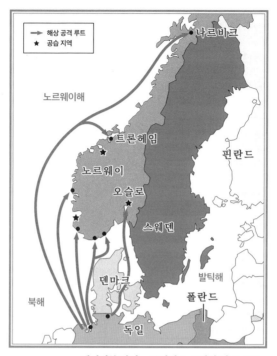

베저위붕 작전—독일의 노르웨이 침공 루트

기뢰로 도배해 버리는 작전이었다. R4 계획은 아예 영국군을 노르웨이에 상륙시켜 나르비크항을 포함한 철광석 수출 항구와 철도를 모조리 파괴하는 계획이었다. 영국도 노르웨이를 침공하는 계획들을 이미 세우고 있었고, 힘이 없던 노르웨이는 이제나저제나 침략당할 운명이었다.

◈ 덴마크를 지나 노르웨이로

영국의 윌프레드 작전 개시일은 4월 8일이었지만, 독일은 하루 빨리 움직였다. 먼저 독일은 덴마크에 영국군이 침공할지도 모르니 자신들이 지켜주겠다는 억지 이유를 들며 덴마크에 독일군 파병을 허용하도록 요청했다. 그러나 독일군은 덴마크의 대답을 듣기도 전에 이미 국경을 넘고 있었다. 독일과 국경을 맞대고 있던 덴마크는 크게 반발했지만, 한 줌도 안 되는 병력으로는 독일군을 막지 못했다. 덴마크 국왕과 정부는 어쩔 수 없이 독일의 요구를 하루 만에 수용한다.

다음 차례는 예상대로 노르웨이였다. 노르웨이 역시 독일에 비하면 가소로운 병력이었지만, 덴마크와 다르게 바다라는 천혜의 장애물이 있었다. 독일은 동시에 노르웨이 전역을 침공하기 위해 중순양함, 구축함, 어뢰정을 보유한 해군 병력의 대부분과 5개의 보병사단, 2개의 산악연대를 동원했다. 남북으로 길쭉한 노르웨이의 국토 특성상 이동 중에 바다에서 영국 해군을 만나면 상륙해 보지도 못하고 수장될 위험이 있었다.

하지만 이 중요한 시점에 영국 해군은 심한 헛발질을 하고 만다. 영국은 독일 해군의 대규모 이동 조짐을 파악하고 함대를 출동시켰지만, 독일의 목적을 완전히 오판하고 있었다. 독일 해군이 북대서양 쪽으로 이동해서 자신들을 공격하려는 줄 알고 북해 방향만 철저하게 뒤진 것이다. 그러나 이 시각에 독일 해군은 노르웨이의 연안에 딱 붙어서 이동 중이었다. 만약 이때 영국이 독일의 의

도를 간파하고 독일 함대를 발견했다면 독일군의 상륙 병력은 그대로 수장되고 독일의 북유럽 침공은 실패했을 것이다.

하지만 잔뜩 긴장했던 독일군은 예상과 다르게 아무런 방해도 없었고, 편안하게 노르웨이의 주요 목표 지역에 상륙하였다. 반대로 기습받은 노르웨이군은 치열하게 저항했지만 독일군의 상대가 되지 못했다. 노르웨이군은 구식 복엽기들까지 모조리 동원하여 마지막까지 저항했지만 모두 격추당하거나 파괴되었다. 전차나 대전차 화기가 없던 소수의 육군 병력과 사냥용 총으로 무장한 민병대는 독일군 침략 첫 주 만에 대부분 전멸하고 만다.

침공 하루 만에 수도 오슬로를 제외한 노르웨이 대부분의 요충지가 독일군에게 점령되었다. 오슬로에서 끝까지 저항하던 노르웨이군은 독일 해군의 중순양함 1척을 격침하였다. 독일의 최신 함정 블뤼허Blücher는 오슬로 상륙을 위해 독일군을 가득 싣고 접근하고 있었다. 그러나 예상치 못하게 노르웨이군의 구식 해안포와 육상용 어뢰가 명중하면서 블뤼허호가 침몰하였다. 독일의 상륙 병력인 산악부대원들이 전사하고 오슬로 점령을 담당한 사령관은 포로가 되었다.

그러나 노르웨이의 저항은 여기까지였다. 이후 독일은 정예 공수부대까지 동원하여 오슬로를 점령했다. 이때 노르웨이 국왕 호콘 7세는 피신하여 영국으로 망명하고, 국내에서는 비드쿤 크비슬링Vidkun Quisling이라는 인물이 쿠데타를 일으켜 독일 괴뢰 정권을 세운다. 크비슬링은 전쟁이 끝난 후 총살당하는데, 그를 제거하기 위해 노르웨이 정부가 없어진 총살형을 부활시켰다는 여담이 남을 정도로 희대의 매국노였다.

◉ 북해에서의 조우

한편 독일의 의도를 오판했던 영국은 함대를 동원하여 독일 함대를 찾고 있었고, 이들은 북해에서 갑작스럽게 조우하게 된다. 독일은 보유한 해군 대부분을 이 작전에 투입한 상황이었고, 영국의 강력한 대함대와 만나 치열한 난타전이 펼쳐졌다.

4월 7일 저녁 8시 30분 스코틀랜드의 스캐파플로Scapa Flow에 대기 중이던 전함 로드니HMS Rodney, 벨리언트HMS Valiant, 순양전함 리펄스HMS Repulse와 구축함 10척 등으로 구성된 병력이 노르웨이로 출발했다. 이어서 저녁 10시에는 로사이스Rosyth에서 순양함 2척과 구축함 15척으로 이뤄진 제2 함대가 출발했다. 독일 함대를 찾고 있던 영국 해군 주력은 엉뚱한 곳을 뒤지고 있었고, 순양전함 리나운HMS Renown과 일부 구축함들만이 나르비크 근해에서 기뢰 부설 작업을 하며 북상 중이었다.

4월 8일 영국 해군의 구축함 글로웜HMS Glowworm은 승조원 한 명이 바다에 빠지는 사고로 함대에서 이탈하여 노르웨이 해역에서 수색 작업을 하고 있었다. 그러다 오전 8시경 짙은 안개 속에서 갑자기 조우한 독일 구축함 2척과 교전하게 된다. 이후 독일의 중순양함 아드미럴히퍼Admiral Hipper가 독일 구축함의 지원 요청을 받아 가세하였다. 이들에 비해 화력이 약했던 글로웜호는 만신창이가 되었지만, 연막을 치며 도망 다니다가 뱃머리로 적의 배를 들이받아 파괴하는 충각 전술을 펼치며 아드미럴히퍼호의 옆구리를 들이받았다.

글로웜호는 선체로 들이받으며 끝까지 저항했지만 치열한 교전 끝에 결국 침몰했다. 글로웜호에서는 31명만이 구조되었고 이때 용감하게 싸우다가 전사한 함장 제럴드 루프 소령에게는 영국 최고의 무공 훈장인 빅토리아 십자 훈장Victoria Cross이 수여된다. 그러나 어이없게도 독일의 아드미럴히퍼호 또한 측면에 큰 구멍이 뚫리며 전투 불능 상태가 되고 만다. 안 그래도 해군 전력이 약했던 독일은 전쟁 초반에 귀한 군함들을 계속 잃고 있었다.

한편 글로웜호의 구조 신호를 수신한 리나운호는 신속히 이동했지만 이미 글로웜호와의 무선은 끊긴 상태였다. 기뢰 부설 임무를 하던 구축함은 물론, 다른 지역에 있던 리펄스호와 호위함까지 글로웜호의 위치로 추측되는 해역으로 진입하였다.

글로웜호의 침몰을 시작으로 양측 모두 전혀 예상치 못했던 타이밍에 본격적인 해전이 벌어졌다. 때마침 나르비크에 침공군을 상륙시키고 귀환하던 독일 전함 샤른호르스트Scharnhorst와 그나이제나우Gneisenau는 영국 해군의 리나운호를 발견했다. 리나운호는 전함도 아니었고, 쪽수로도 훨씬 유리했던 독일군은 전투를 피하지 않았고, 리나운호와 호위 구축함들 역시 전투에 돌입했다. 하지만 막상 함포 교전이 시작되자 오히려 독일 전함들이 밀리기 시작했다. 독일의 함포 2발을 맞아 리나운호는 피해를 보았지만 독일의 그나이제나우호도 3발을 얻어맞았다. 특히 리나운호를 호위하던 고속의 구축함들은 어뢰까지 장착하고 있었다. 아무리 덩치 큰 전함이라도 어뢰가 제대로 명중하면 한 방에 훅 갈 수 있기에 독일군은 더욱 겁을 먹었다. 상황이 불리해지자 2척의 독일군 전함은 연막을 치며 도망갔고 북해에서의 첫 해전은 약간은 싱겁게 끝나버렸다.

◉ 노르웨이에 간 영국 원정군

한편 북해에서 헛발질하고 있던 영국은 다음 날인 4월 9일이 되어서야 독일의 목표가 노르웨이였다는 것을 깨닫고 그제야 노르웨이에 지상 병력 파견을 논의했다. 결국 주요 항인 나르비크에 영국군 제24 여단을 파견하고, 마지막 노르웨이 저항군이 버티고 있던 트론헤임Trondheim에 제146 여단과 제148 여단을 보내기로 결정한다.

하지만 상륙 작전 초반부터 불운의 기운이 곳곳에서 감지되었다. 상륙 예정인 항구의 규모가 너무 작았고 더군다나 노르웨이 특유의 피오르 지형 해안은 대형 수송선이 통과할 수 없었다. 결국 대형 수송선의 인력과 장비들을 작은 배로 옮긴 후 상륙해야 하는 어수선한 상황이 연출되었다. 안 그래도 물자가 부족한 상황에 그마저도 제대로 옮기지 못했고, 이 과정에서 시간도 상당히 지체하고 말았다.

파견된 영국군에게는 전차 같은 중장비가 하나도 없었고, 가지고 온 장비나 물자들도 이틀 치 정도밖에 상륙되지 않았다. 게다가 노르웨이의 혹독한 추위에 제대로 된 대비도 하지 못한 상태였다. 영국의 정예 병력은 이미 프랑스 쪽의 유럽 전장에 파견되어 있었고, 노르웨이 원정군은 훈련소를 막 나온 신병들이 대부분이었다.

4월 21일 트론헤임으로 진격하던 영국군 제148 여단은 릴레함메르Lillehammer에서 독일군과 조우했다. 결과는 처참했다. 제148 여단은 정예 독일군에게 일방적으로 두들겨 맞아 거의 괴멸 직전까지 몰렸다. 천여 명이던 제148 여단의 대다수가 부상당하거나 전사했고, 포로가 된 병사들을 제외하고는 3백여 명만이 살아남았다.

제146 여단의 상황도 마찬가지였다. 스타인셰르Steinkjer에서 독일군과 전투가 벌어졌는데, 20시간도 버티지 못하고 패배했다. 독일군에게 퇴로까지 차단당하며 전멸할 위기에 처한다. 다행히 제146 여단의 한 대대장이 어릴 적 놀러 왔던 기억을 살려 냈고, 지도에도 없는 오래된 다리를 찾아냈다. 영국군은 그곳으로 후퇴하며 독일군의 포위망을 벗어났지만, 실질적으로 두 여단의 전투력은 이미 상실한 상태였다. 이렇게 두 여단이 초반에 떡실신하자 영국은 부랴부랴 현역 정규군으로 편성된 제15 여단을 급파한다. 이 제15 여단은 앞의 두 여단과는 다르게 실전 경험이 있는 정예 병력이었다.

4월 25일 안달스네스항Andalsnes에 상륙해 진격하던 제15 여단은 독일 전차의 공격을 받지만 곧 대전차포로 격퇴했다. 독일군은 급강하 폭격기까지 동원하여 영국군을 공격했고 제15 여단은 진지를 구축하고 버텼다. 하지만 독일군은 우회하여 영국군의 예비 식량과 장비 등이 쌓여 있던 안달스네스 항구를 공격하며 압박했고 라디오 중계소를 폭격하였다. 제15 여단은 영국 본토에 지원 요청을 할 수 없게 되었다. 노르웨이를 도우러 왔던 병력은 이제 살아남는 것이 최우선 과제가 되었다.

영국은 3개 여단이나 투입했으나 사상자만 1,500여 명이 넘어가고 진전이 없자, 작전 실패를 인지하고 철수를 준비했다. 그러나 제공권이 독일군에 있는 상황에서 철수도 쉬운 일이 아니었다. 영국군 잔여 병력은 구사일생으로 탈출에 성공했지만, 이후 잔존해 있던 노르웨이 병력이 항복하며 노르웨이는 완전히 독일의 수중에 떨어졌다.

◈ 나르비크 해전

독일군의 의도를 뒤늦게 알아차린 영국 해군이 서서히 노르웨이 근처로 몰려들고 있었다. 하지만 독일 해군은 이후 벌어질 나르비크 해전이 시작되기도 전에 샤른호르스트호와 그나이제나우호, 아드미럴히퍼호가 수리에 들어갔고, 최신함인 블뤼허호까지 어이없게 침몰하며 총체적 난국에 처했다.

4월 9일에는 서로의 군함이 1척씩 침몰하는 작은 교전이 벌어졌고, 한 방씩 가벼운 잽을 주고받던 영국과 독일은 4월 10일이 되자 드디어 제대로 한판 붙게 된다. 4월 10일 새벽 4시경 제1차 나르비크 해전이 벌어졌다. 나르비크항은 U자 모양의 빙식곡이 침수하여 생긴 좁고 깊은 만의 형태였고, 영국 해군은 이 피오르 지형 안쪽에 위치하여 독일군의 경계가 상대적으로 소홀한 나르비크항을 기습하는 대담한 계획을 세웠다.

워버튼 리Bernard Warburton-Lee 대령은 강한 눈보라가 치는 악천후를 이용하여 겨우 5척의 구축함으로 나르비크항을 급습했다. 이 대담한 기습 공격에 독일 해군은 구축함 2척, 탄약 보급함 1척, 수송함 6척이 격침당했으며 나머지 구축함들과 상선들도 큰 피해를 보았다. 더군다나 독일의 구축함 빌헬림하이트캄프Wilhelim Heidcamp가 격침되면서 나르비크 침공 사령관인 본테Friedrich Bonte 소장도 전사했고, 독일군은 그야말로 박살이 나고 말았다. 아직 전쟁 초반인데도 독일 해군은 계속해서 큰 피해를 보게 된다.

하지만 영국군 역시 피해가 전혀 없지는 않았다. 함대가 빠져나오던 중 공격받아 지휘관이 타고 있는 기함 하디HMS Hardy와 헌터호HMS Hunter가 침몰하였고 나머지 3척도 피해를 보았다. 이때 하디호에 있던 워버튼 리 대령이 전사하였다. 워버튼 리 대령은 추후 빅토리아 십자 훈장이 수여된다. 이후 영국의 구축함 3척은 후퇴하다가 만난 독일군 탄약 보급함 라우엔펠스Rauenfels까지 격침시키며 1차 나르비크 해전을 깔끔하게 승리로 장식한다.

4월 13일 다시 한번 해전이 벌어지는데 바로 제2차 나르비크 해전이다. 1차 나르비크 해전에서 짭짤한 재미를 본 영국 해군이 1차 때보다 더 제대로 준비해서 싸움을 걸어왔다. 이번에는 기함 워스파이트HMS Warspite, 9척의 구축함과 항공모함 퓨리어스HMS Furious까지 동원하여 본격적으로 나르비크를 공격한다. 1차 나르비크 해전에서 겨우 살아남았던 독일 해군의 유보트 잠수함과 구축함들은 나르비크항에 갇혀서 도망도 못 가고 일방적으로 두들겨 맞으며 모두 수장되어 버렸다. 안 그래도 빈약했던 독일 해군은 나르비크 해전에서 보유 구축함의 절반이 침몰당하는 치명적이고 뼈아픈 손실을 입었다.

이후 노르웨이 북부의 요충지인 나르비크항과 주변의 제해권은 영국이 장악하였고 영국 육군을 노르웨이에 안전하게 상륙시켰다. 이때까지만 해도 모든 계획은 잘 돌아가고 있었다. 나르비크항을 되찾았고 다수의 독일 해군 군함도 침몰시켰다. 더욱이 육군 병력을 안전하게 노르웨이에 상륙시켰으니, 이제 노르웨이의 독일군들을 몰아내는 일만 남았다고 생각했다. 하지만 앞서 설명했듯이 이렇게 상륙한 영국군은 육지에서 독일군에게 일방적으로 두들겨 맞고 괴멸되고 만다.

⚜ 독일의 애매한 승리

나르비크 해전 이후 1940년 5월 히틀러가 프랑스를 침공하면서 주요 전장은 프랑스가 되었고, 본국이 위험해지자 노르웨이에서 힘들게 버티던 영국군은 철수를 결정했다. 이 철수 과정에서 또한 번의 치열한 해전이 벌어졌고, 영국 해군은 항공모함 글로리어스HMS Glorious와 순양함 2척, 구축함 16척을 동원했다.

6월 4일 독일 해군은 빼앗긴 나르비크를 되찾기 위해 샤른호르스트호, 그나이제나우호, 아드미럴히퍼호와 구축함 등 동원 가능한 병력을 싹싹 긁어모아 출동시켰다. 독일의 함대는 영국·프랑스 연합군의 철수 작전을 눈치채고 철수 선단을 찾기 위해 수색 작전을 펼쳤다.

운이 없게도 호위 구축함 2척만을 대동한 채 이동 중이던 영국 해군의 항공모함 글로리어스가 걸려들고 만다. 전투 초반, 독일의 샤른호르스트호와 그나이제나우호의 함포 일제 사격에 글로리어스호는 일방적으로 얻어맞다가 침몰했다. 이륙한 함재기들이 독일군 전함들을 모두 수장시킬 수도 있는 상황이었지만, 전투 초반에 피격된 글로리어스호는 함재기를 1대도 출격시키지 못하고 격침당했다. 탑재된 함재기들이 이륙만 했다면, 전혀 반대의 결과가 나왔을지도 모른다. 예나 지금이나 항공모함의 존재는 위협적이지만, 함재기들을 뺀 항공모함 자체의 무장은 너무나 빈약하다.

글로리어스호의 호위 구축함 2척은 마지막까지 글로리어스호를 지키고자 분전하지만 역시 모두 격침당하고 말았다. 결국 글로리어스호에서만 1,200여 명이 전사하고 2척의 구축함에서는 3백여 명이 전사하는 참사가 벌어졌다. 두 번의 나르비크 해전으로 일방적인 승리를 거두었던 영국의 입장에서는 경악할 일이었고 독일 해군은 마지막에 체면치레를 한 셈이었다. 영국군이 모두 철수한 이후 노르웨이는 2차 세계대전이 끝날 때까지 독일군에게 점령당한다.

당시 중립국이던 노르웨이는 힘이 없어 전쟁에 휘말렸고 결국 독일에 침략당하고 말았다. 예나 지금이나 중립국은 힘이 있을 때나 중립국 대우를 받을 수 있고, 힘이 없는 나라는 중립국 타이틀만으로 무엇도 지킬 수가 없다. 한 예로 북유럽의 스웨덴이나 스위스는 중립국이면서도 막강한 군사력을 보유하고 있다. 산속에는 지하 벙커들이 즐비하고 최신 전투기들과 전차들이 배치되어 있으며, 많은 명품 무기들을 자체 생산하고 있다. 이들은 현재에도 중립국이기 이전에 유럽의 어느 국가도 함부로 건드릴 수 없는 군사 강국으로 존재하고 있다.

노르웨이에서 벌어진 전투를 살펴보면, 지상에서는 독일군이 완벽한 승리를 거두었지만, 해전에서는 독일군 수상함대가 전멸하였다. 독일은 전략적 목표인 노르웨이 점령에 성공하였고 세계 최강이라는 영국 해군을 상대로 선방한 것은 사실이다. 그러나 안 그래도 모자랐던 귀중한 순양함과 구축함들을 너무 많이 잃었다. 이때 무너진 독일 수상함대는 전쟁이 끝날 때까지 회복하지 못했

다. 대신 대량의 유보트 잠수함을 이용한 늑대 떼Wolf Pack 전술을
이용하여 연합군의 호송 선단을 공격하기 시작했다.

1937.7.7.
중일 전쟁

1941.7.
ABCD 포위망

1941.12.7.
진주만 공습

진주만 공습

잠자는 사자의 코털을 건드리다

진주만 공습은 미국이 제2차 세계대전에 참전하는 계기가 된 사건으로 세계 전쟁사에서도 유명한 사건 중 하나이다. 제1차 세계대전 때와 마찬가지로 미국이라는 거인이 2차 세계대전에 뛰어들면서 전쟁의 양상은 바뀌게 된다.

일본, 세계 무대에 진출하다

러일 전쟁 등에서 이기며 1차 세계대전의 승전국이던 일본은 열강의 대열에 합류했다. 하지만 일본 국민은 승전국임에도 불구하고 서구 열강들에 이리저리 치이고 무시당하던 무능한 정부보다는 군부를 믿기 시작했다. 결국 국민의 지지를 등에 업은 군부가 권력을 잡으며 일본은 군국주의화 되어 가고 있었다. 당시 이탈리아는 무솔리니가, 독일은 히틀러가 정권을 잡으며 세계정세는 이미 심상치 않게 흘러가고 있었다.

권력을 잡은 일본 군부는 대륙 침략의 야욕을 버리지 못하고 1931년 만주사변과 1937년 중일 전쟁을 일으켰고 파죽지세로 전진하며 동남아시아로 전선을 확대하고 있었다. 중일 전쟁에서 중국은 수도였던 난징까지 함락되며 밀리고 있었다. 당시 중국 국민당의 지도자 장제스蔣介石는 내전으로 싸우고 있던 공산당과 국공합작까지 이루며 일본에게 끈질기게 저항하였다. 일본은 본격적인 전시체제에 들어가며 대규모 군대를 중국에 파병하기 시작했다.

미국, 영국, 프랑스 등의 전통적인 서구 열강들은 이제 막 세계무대에 진출해 걸음마를 걷기 시작한 변두리 국가 일본의 이런 난동이 마음에 들지 않았다. 일본이 동남아시아까지 눈독을 들이기 시작하자 서구 열강들은 필리핀, 말레이시아, 인도차이나 등에서 자신들의 영향력이 줄어들까 봐 걱정하기 시작했다. 하지만 이때는 이미 2차 세계대전이 시작되어 프랑스와 네덜란드 등이 독일에 점령된 상태였고, 독일과 힘겹게 싸우던 영국은 아시아 쪽에 신경 쓸 여력이 없었다. 게다가 서구 열강들의 가장 큰 시장 중 하나이자 대국인 중국이 어이없게 일본에 먹히기 직전이니 똥줄이 탈만했다. 이에 미국은 아예 무기를 대주면서 중국을 지원하고 있었다.

동남아시아의 중심부로 일본 군대가 슬금슬금 밀고 들어오기 시작하자 결국 미국과 영국, 네덜란드는 일본의 전쟁 수행에 필수인 석유, 철강 등의 전략물자 수출을 중단하였다. 이로 인해 일본 국민의 서구 열강에 대한 반감은 극에 달했다. 전 유럽을 쓸어버리며 유럽의 최강자로 떠오른 독일과 동맹 조약을 맺은 후 더욱 자신감을 얻은 일본은 무서울 것이 없었다. 일본에서는 이번 기회에 미국 등과 한번 붙어 보자며 전쟁에 대한 여론은 높아져만 갔다.

강경파 총리인 도조 히데키東條英機를 포함한 일본 육군 강경파는 미국과의 전쟁을 주장하였고, 일본 해군의 야마모토 이소로쿠山本五十六 제독 같은 이는 전쟁을 반대하였다. 야마모토 제독은 하버드 대학에서 공부했었기 때문에 미국의 어마어마한 경제력과 저력을 잘 알고 있었다. 그래서 미국과 전쟁이 벌어지면 무조건 진다고 주장하며 전쟁을 반대했다. 하지만 그의 의견은 강경파인 육군에 밀렸고, 일본은 잠자는 거인 미국을 적으로 돌려 버리는 최대의 실수를 하고 만다. 일본 군부의 무모한 선택과 그것을 지지한 우매했던 일본 국민은 이후 혹독한 대가를 치르게 된다.

🌐 일본의 선택

일본의 예상과 달리 중국과의 전쟁은 장기전으로 흘렀고, 전쟁에 필수인 석유와 물자는 구하기 힘들어졌다. 석유 없는 전쟁 수행은 당연히 불가능했으며, 수많은 전차와 항공기도 석유 없이는 그냥 고철 덩어리일 뿐이었다. 자원 확보를 위해서는 결국 동남아시아를 공격할 수밖에 없었는데, 이때는 서구 열강과 싸우는 선택 말고는 없었다. 그중에서 프랑스와 네덜란드는 이미 동맹국인 독일에 점령당했기 때문에 걱정할 필요가 없었고, 영국도 자기 집 지키기에 바빴다. 결국 일본은 미국과의 전쟁을 결정했다.

미국은 1차 세계대전 때와 같이 멀리 떨어진 유럽의 전쟁을 관망하며 영국과 소련 등에 무기들을 팔아 짭짤한 재미를 보고 있었다. 미국이라는 나라는 워낙 멀고 거대했기에 일본은 미국 본토를 공격도, 점령도 할 수 없었다. 미국이 아시아에 영향력을 발휘할 수 있는 가장 강력한 펀치는 하와이에 주둔한 미 해군 태평양 함대였고, 이는 일본의 가장 큰 고민이었다.

미국의 태평양 함대만 박살 내면 아시아에서 일본을 막을 수 있는 세력은 없었다. 일본은 일단 태평양 함대를 박살 내고, 그 사이에 동남아를 점령하여 유리한 위치를 선점하기로 했다. 그렇게 하면 유럽 전선을 우선으로 여기던 미국이 바로 협상 테이블로 나올 것이라고 생각하며 본격적으로 전쟁 준비를 시작했다. 일본으로서는 해 볼 만한 도박이었지만 미국은 그렇게 나약한 나라가 아니었다.

✪ 그 남자 야마모토 이소로쿠의 계획

일단 미국과의 전쟁이 결정되자 전쟁 반대론자였던 야마모토

진주만 공격 기동부대 편성		
제1 항공전대	항공모함	아카기赤城, 가가加賀
제2 항공전대	항공모함	히류飛龍, 소류蒼龍
제5 항공전대	항공모함	쇼카쿠翔鶴, 즈이카쿠瑞鶴
제3 전대	전함	히에이比叡, 기리시마霧島

이소로쿠도 어쩔 수 없었다. 어차피 싸워야 한다면 확실히 피해를 줄 수 있는 선제공격이 필요했다. 그의 목표는 하와이 진주만에 있는 미국의 태평양 함대였다. 일본 연합 함대 사령관이 된 야마모토는 야심찬 계획을 세웠다. 바로 항공모함을 주력으로 한 기동함대를 구성한 것이다. 당시만 하더라도 해전은 항공기를 이용하기보다는 대형 함정들끼리 거포를 이용한 포격전 개념이 강했기 때문에 항공모함을 주력으로 구성된 함대는 없었다. 이 기동함대를 이끌 지휘관으로 나구모 주이치南雲忠一 중장이 내정되었으며, 항공모함에 탑재된 공격기의 조종사들도 모두 베테랑으로 구성하여 피나는 공격 훈련을 시켰다.

미국도 심상치 않은 일본의 움직임을 보며 전쟁을 예상했지만, 일본의 목표가 하와이의 태평양 함대가 아니라 필리핀에 주둔한 미군 방어 병력 정도라고 예상했다. 또한 일본군의 전력을 무시하며 아시아 변방의 손바닥만 한 일본과 싸우면 손쉽게 박살 낼 수 있다는 자신감이 있었다. 하지만 미국의 예상과는 달리 일본은 먼거리에 있는 하와이의 태평양 함대를 자국 항공모함의 전투기들로 공격한다는 대담한 작전을 준비 중이었다.

🎯 암호명 '도라 도라 도라'

1941년 11월 26일 드디어 6척의 항공모함을 대동한 일본의 기동부대가 미국의 첩보망을 피해 은밀히 출발했다. 일본 기동부대의 최우선 목표는 미국의 항공모함들이었다. 하지만 진주만에는 예상과 달리 미 해군의 항공모함이 1척도 없다는 첩보를 들은 야마모토 제독은 매우 실망했다. 그러나 두 번째 주요 목표인 전함들은 진주만에 집결해 있었고, 이 대형 전함들 역시 놓칠 수 없는 매우 먹음직스러운 목표들이었다. 진주만에는 총 8척의 전함과 3척의 중순양함이 정박해 있었다.

진주만에 정박 중인 미군 전함	
중순양함	헬레나USS Helena, 호놀룰루USS Honolulu, 롤리USS Raleigh
전함	캘리포니아USS California, 메릴랜드USS Maryland, 테네시USS Tennessee, 애리조나USS Arizona, 오클라호마USS Oklahoma, 웨스트버지니아USS West Virginia, 펜실베이니아USS Pennsylvania, 네바다USS Nevada

야마모토는 선전포고 30분 후에 진주만을 공격하기로 결심하였다. 하지만 선전포고문이 미국 측에 너무 늦게 전달되는 바람에 일본은 선전포고도 없이 공격한 비겁한 국가라는 비난을 받았고 이는 미국을 더욱 분노케 하였다.

결국 선전포고문이 전달되지 못한 채 1941년 12월 7일 평화로운 일요일 오전 6시 후치다 미쓰오淵田美津雄 중좌가 지휘하는 1차 공격대 183기가 요란한 엔진소리를 내며 진주만을 향해 출격했다. 항공모함 갑판 위의 승조원들은 일장기를 흔들어 대며 열렬히 응원하였고, 미국 태평양 함대를 공격하러 간다는 사실에 잔뜩 기합이 들어간 조종사들은 자신만만한 승리의 미소를 띠며 출격하였다.

오전 7시 53분, 희한할 정도로 아무런 방해도 없이 무사히 진주만 상공에 도달한 1차 공격대의 후치다 미쓰오 중좌는 기함 아카기에 기습 성공을 알리는 암호를 보낸다.

"도라 도라 도라!"

トラ トラ トラ!

한편 평화로운 일요일 아침을 맞이하던 진주만의 미군들은 전혀 방어 준비가 되어 있지 않았다. 막강한 병력이 주둔한 태평함 함대의 기지인 진주만이 공격당하리라고는 상상하지 못한 것이었다.

사실 일본군의 1차 공격대는 오아후섬 약 180km 위치에 이르

렸을 때 미군의 레이더에 탐지되었다. 하지만 이 레이더는 시험 가동 중이었고, 초보 운용병들은 레이더에 나타난 비행체들이 마침 하와이로 들어오던 아군 폭격기 편대라고 오해하여 보고조차 하지 않는 치명적인 실수를 저질러 버린다.

🎯 불바다가 된 진주만

진주만 공격은 치명적이고 확실했다. 공격기들은 훈련받은 대로 각 목표에 따라 육상과 함대에 정확한 공격을 가했다. 공격 초반에 진주만의 미군 병사들은 일본 공격기들을 훈련 중인 아군기로 오해하고 아무런 대응도 하지 않았을 정도로 무방비 상태였다. 오히려 일요일 아침부터 시끄럽게 날아다닌다고 불평불만을 터뜨리고 있었다. 하지만 곧 여기저기서 폭탄이 떨어지고 건물들이 불타오르고서야 부랴부랴 뛰어다니기 시작했다. 7시 58분 진주만 기지에서는 다급하게 경보를 내렸다.

"진주만이 공격받고 있다. 이것은 훈련이 아니다!"
Air raid on Pearl Harbor. This is not a drill!

8시경 일본 해군의 97식 공격기가 투하한 800kg 폭탄 4발이 막 급유를 마치고 연료 탱크가 가득 찬 3만 톤급 거함 애리조나에 명중하였다. 곧이어 탄약고에서 거대한 폭발이 일어났고 전함 애리조나는 순식간에 두 동강이 나며 침몰해 버린다. 애리조나호는 너무나 순식간에 침몰해 버렸고 아이작 키드 제독과 함장을 포함해 1,177명이 전사하였다. 이 중 9백여 구의 시신은 수습조차 하지 못했다.

한편 전함 네바다는 어뢰와 폭탄에 얻어맞아 큰 화재가 발생했지만 진주만 밖으로 탈출하려고 필사적이었다. 일본 공격기들은 네바다호를 진주만 입구에서 좌초시켜 항을 봉쇄해 버리기 위해 집중 공격하였다. 네바다호는 이를 피하기 위해 입구가 아닌 곳에서 일부러 좌초하는 선택을 한다.

전함 캘리포니아는 2발의 폭탄과 2발의 어뢰를 맞았고 전함 웨스트버지니아도 7발의 어뢰에 두들겨 맞았다. 전함 오클라호마는 4발의 어뢰를 맞고 배가 전복되어 버린다. 대형함 외에도 무방비 상태의 각종 순양함과 지원함이 골고루 폭탄과 어뢰에 명중되며 대파되었고 수많은 수병이 전사했다.

군함들 외에도 기지에 있던 미군 전투기들 대부분도 지상에서 격파당했다. 물론 일부 미군 조종사들은 적의 공습에 용감하게 이륙하여 일본군과 교전을 벌이기도 했지만 공격을 막을 수는 없었다. 50분 후 일본군 2차 공격대의 공격까지 성공적으로 이어졌고 일본군의 장교들은 1, 2차 공격 때 놓친 유류 저장소와 어뢰 저장소, 각종 항만 보수 시설들의 공격을 위해 3차 공격을 주장했다.

그러나 조심성 많은 나구모 제독은 더 이상 모험할 필요가 없다고 판단하여 공격을 중지했다. 만약 이때 3차 공격이 가해져서 진주만의 나머지 기반 시설들까지 파괴되었다면, 태평양에서 미국의 회복기간은 훨씬 오래 걸렸을 것이고, 그만큼 일본은 아시아에서 좀 더 확실한 기반을 잡았을 것이다. 하지만 그렇게 되었다 하더라도 분노로 꼭지가 돌아 버린 미국이 팔을 걷어붙이고 본격적으로 전쟁에 뛰어들었으니, 일본은 질 수밖에 없는 운명이었다. 전시체제로 돌입한 미국이라는 나라는, 일본이 무슨 짓을 해도 이길 수 있는 상대가 아니었다.

🌐 깨어난 거인, 미국

진주만 공격으로 약 2,300여 명의 미군이 전사하고 1,100여 명의 군인이 부상당했다. 태평양 함대 소속 19척의 각종 대형 함선이 침몰하거나 좌초되었고 188기의 비행기가 격파되며 태평양에서 가장 강력했던 해군 전력을 잃어버린다. 하지만 이 진주만 공격을 일본의 완벽한 승리라고 말할 수는 없다. 일본 입장에서는 중요한 목표인 미군의 항공모함을 1척도 격침하지 못했고, 진주만의 거대한 유류 시설과 항만 시설도 나구모 중장 덕분에 건재했다. 진주만으로 들어오던 미 항공모함 엔터프라이즈는 운 좋게 하루 늦게 입항해 화를 면했는데, 이후 엔터프라이즈호는 태평양 해전에서 큰 활약을 하게 된다. 진주만의 항만 시설들이 멀쩡했던 덕분에 피해를 본 미 해군의 전함들은 금방 수리되어 전투에 투입되었고 태평양 함대가 다시 일어서는 데 큰 역할을 하게 된다.

하지만 무엇보다도 일본의 가장 큰 오판은 미국의 의지였다. 일본 군부는 진주만 공격이 성공하면 유리한 위치에서 미국과 싸울 수 있고 추후 협상 테이블에서도 유리할 것이라 예상했지만, 미국은 협상 테이블에 나올 마음이 전혀 없었다. 오히려 선전포고도 없는 공격을 당해 분노에 찬 미국은 전시체제에 돌입하며 바로 어마어마한 무기 생산능력을 가동하기 시작했다. 이전까지 2차 세계대전은 남의 전쟁이라고 여기며 수수방관하던 미국이었다. 그러나 진주만 공습을 계기로 미국은 일본의 동맹인 독일에 선전포고하며 2차 세계대전에 참전하게 되었다. 그리고 전쟁의 흐름을 완전히 바꿔 놓았다.

진주만 공격 성공 후 야마모토 제독은 '우리가 잠자는 사자의 코털을 건드린 것이 아닌가.'라고 했다고 하는데, 모두 알다시피 이후 일본은 미국에 핵폭탄을 2번이나 얻어맞게 되니 사자의 코털을 건드린 정도가 아니고 코털을 한 뭉텅이 뽑아낸 셈이 되었다.

1941.10.2.
모스크바 공방전

1941.12.7.
진주만 공습

1941.12.10.
말레이 해전

말레이 해전

프린스오브웨일스호의 침몰

19세기 대영제국은 '해가 지지 않는 나라'라 불리며 전 세계를 호령하였다. 특히 당시의 대영제국 해군력은 세계 최강이었고, 전 세계 바다에서 대영제국의 해군을 감당할 국가는 어디에도 없었다. 그들은 자유롭게 전 세계를 돌아다니며 식민지를 건설하고 타국과 교역하며 막대한 부를 축적해 나갔다. 지금은 비록 미국에게 그 자리를 내주었지만, 아직까지도 영국 왕립 해군의 자존심만은 하늘을 찌른다.

제1차 세계대전 당시 일본과 영국은 동맹국으로 같은 편이었지만 시간이 흐르면서 그 의미는 옅어지고 있었다. 1937년 일본은 중국과 전쟁을 일으키며 아시아-태평양 지역에서 점점 영향력을 키워 나갔다. 그러자 당시 인도, 홍콩, 필리핀, 싱가포르 등 아시아에 많은 식민지를 거느리고 있던 미국과 영국 같은 서방 세력들은 긴장하기 시작했다.

1940년이 되자 유럽에서는 노르웨이와 프랑스가 독일에 침공당하고 영국은 대패하여 유럽 본토에서 쫓겨나고 있었다. 또한 영국은 7월부터 영국 본토를 공격하는 독일 공군과 영국 본토 항공전을 벌이며 힘겹게 독일을 막아 내고 있었다. 더불어 북아프리카 전선에서도 독일에 밀리는 형세였다. 믿었던 유럽의 강국 프랑스가 순식간에 무너지고 북유럽도 독일에 먹히고 있었다. 아직 미국이 참전하기 전이었고 영국은 유럽의 마지막 보루였다. 전쟁 초반에 독일에 너무 많이 얻어터진 영국은 당연히 머나먼 아시아까지 신경 쓸 여력이 없었다.

제2차 세계대전 발발 당시 영국은 전함 12척, 순양전함 3척, 항공모함 7척을 가진 막강한 해군 전력을 보유하고 있었다. 그러나 그들은 섬나라인 데다가 세계 곳곳에 많은 식민지를 거느리고 있어 아주 여유 있는 병력은 아니었다. 게다가 영국에게는 본토 방어와 유럽 전선이 가장 우선이었다. 싱가포르를 중심으로 방어력을 키워 가고 있었다고는 하나, 아시아 지역에 많은 병력을 배치하기는 어려웠다.

그러나 1940년 일본군이 인도차이나반도를 침공하자 긴장감은 높아졌다. 결국 영국은 일본을 견제하고 싱가포르를 방어하기 위해 군함들을 파견한다. 영국 해군 지휘부는 독일 유보트 잠수함과의 치열한 전투를 염려하여 전함 파견을 주저했지만, 처칠은 자신의 고집대로 소수정예의 함정들을 싱가포르로 파견했다. 이때 영국의 자존심이자 '침몰하지 않는 배'라는 뜻의 '불침함'이라 불리던 '프린스오브웨일스호Her Majesty's Ship Prince of Wales'도 함께 파견된다. 1941년 5월 독일 전함 비스마르크Bismarck 추격전에서 동행한 후드호HMS Hood가 격침되고 혼자만 살아남은 아픈 기억이 있었지만, 여전히 프린스오브웨일스호는 강력한 무장과 방어력을 가진 최신형 전함이었다.

1941년 10월 프린스오브웨일스호와 함께 작고 날쌘 구축함들이 호위로 파견되었고, 순양전함 리펄스HMS Repulse도 도중에 합류했다. 거함 2척과 구축함 4척(HMS Electra, Express, Tenedos, Vampire)으로 Z함대가 편성되었다. 함대의 책임자는 톰 필립스Tom Phillips 중장으로 그는 싱가포르에 도착한 후 대장으로 진급하게 된다. 1941년 12월 2일 긴 항해 끝에 Z함대는 싱가포르에 무사히 도착했다. 동남아 점령 작전을 펼치던 일본군에게 영국의 Z함대는 큰 위협이었고, 일본 정찰기들은 눈에 불을 켜고 영국의 함대를 찾아다녔다. 일본과 영국은 서로 선전포고만 하지 않았을 뿐 전운은 이미 깊게 드리워져 있었다.

◈ Z함대의 등장

1941년 12월 7일 일본이 전격적으로 진주만 공습을 시작하며 태평양 전쟁이 발발했다. 동시에 일본은 선전포고도 없이 아시아 지역을 공격하기 시작하였고, 홍콩, 필리핀, 싱가포르에 주둔하던 미국군과 영국군은 갑작스러운 전투에 호되게 당하였다. 그 후 일본군은 말레이반도에 상륙하기 시작했다.

미국과 영국은 일본군의 능력을 너무나 과소평가하고 있었다. 그들은 아시아 지역에 파견되어 있는 육해공군의 병력만으로도 일본군을 견제할 수 있으리라고 생각했다. 혹시 일본군이 침공하더라도 진주만의 미 해군 태평양 함대에서 지원을 받으면 금방 전세를 역전시킬 수 있다고 믿었다. 하지만 일본 해군은 훈련이 잘되어 있었고, 특히 육군과 공군은 중일 전쟁으로 실전 경험을 쌓은 정예였다. 일본 전투기의 성능도 미군이나 영국군보다 월등했기에 공중전에서는 연합군이 일방적으로 학살당했다. 결정적으로 전쟁을 시작하면 지원이 올 것이라고 철석같이 믿고 있던 진주만의 미 해군 태평양 함대가 전멸하였고 지원 병력이 전무하다는 사실은 치명적이었다.

한편 Z함대의 필립스 제독은 일본군의 말레이반도 상륙 소식을 듣게 되었고, 1941년 12월 8일 프린스오브웨일스호와 리펄스호 그리고 4척의 구축함을 끌고 부랴부랴 출항했다. 하지만 다음 날 12월 9일 오후쯤 일본군 잠수함이 Z함대의 출항을 발견하였다. 일본군 남방 함대 사령관인 오자와 지사부로 중장은 정찰기와 순양함들로 Z함대의 정확한 위치를 수색하기 시작했다.

하늘을 지켜 줄 항공모함이 없는 상황에서 Z함대 사령관인 필립스 제독은 공군 지원이 힘들다는 연락을 받게 된다. 그러나 Z함대는 항공기가 올 수 없을 것이라고 예상되는 바다 한가운데에 있었다. 설사 적의 항공기가 나타나더라도 충분히 막아 낼 자신이 있었던 필립스 제독은 이 상황을 크게 걱정하지 않았다. 그도 그럴 것이, 이제까지 항행 중에 항공기의 공격을 받아 격침된 전함은 1척도 없었으며 항공기로 거대한 전함을 격침하는 것 자체가 불가능하다고 생각했다.

하지만 일본 해군은 이런 고정관념을 뒤집고 새로운 전술을 만들어 냈다. 대형 전함 간의 포격전이던 이전 해전과는 다르게 전투기와 폭격기를 이용해 전함 자체를 공격하는 전술이었다. 1941년 12월 10일 오전 11시경 일본군 정찰기가 Z함대를 발견했다. 일본군 폭격기들이 예상을 뛰어넘는 항속으로 날아와 공격을 시작했다. 그러나 첫 번째 공격에서 Z함대에 큰 피해를 주지 못했고, 필립스 제독은 부정확한 일본 폭격기들의 공격에 위협을 느끼지 않았다. 필립스 제독은 여전히 무선 침묵을 유지하며 따로 항공 지원을 요청하지 않았다. 하지만 얼마 후 11시 40분경부터 시작된 어뢰 공격은 달랐다. 일본군의 G3M 폭격기 17기 중 9대는 프린스오브웨일스호를 노렸고, 나머지 8대는 리펄스호를 노리고 덤벼들었다. 프린스오브웨일스호와 리펄스호에서 공중 목표를 겨냥하여 쏘는 대공포들이 미친 듯이 불을 뿜으며 하늘에 새까만 탄막을 형성했지만, 일본군 폭격기들은 예상보다 훨씬 빠른 속도로 접근해 왔다.

총 8발의 어뢰가 투하되었고, 그중 1발이 프린스오브웨일스호의 추진용 회전 날개인 스크루 근처에 명중하며 거대한 물기둥을 일으켰다. 폭발의 충격으로 휘어진 스크루가 회전하면서 선체를 길게 찢어 놓고, 이 틈으로 엄청난 해수가 유입되기 시작했다. 거대한 전함이 순식간에 13도나 기울고 내부가 침수되어 전원 공급도 중단되었다. 스크루 한쪽을 잃은 프린스오브웨일스호는 급격하게 속도가 줄었고, 선체가 기울어 제대로 된 대공 사격도 힘들었다. 다행히 이리저리 폭탄과 어뢰를 잘 피해 다닌 리펄스호는 큰 피해를 보지 않았지만, 리펄스호의 윌리엄 테넌트 함장이 무선 침묵을 깨고 구조 요청을 보냈다. 그러나 호주 공군의 전투기들이 현장에 도착했을 때는 이미 모든 상황이 끝난 후였다.

◈ 프린스오브웨일스호의 침몰

같은 날 12시 20분경 일본군의 추가 공격이 시작되었다. 영국의 자존심인 프린스오브웨일스호는 일본군 조종사들에게 최고의 사냥감이었다. 26대의 일본군 폭격기들이 영국군 전함 2척의 숨통을 완전히 끊기 위해 다시 몰려들었고, 이번에는 프린스오브웨일스호와 리펄스호 모두 운이 따르지 않았다. 프린스오브웨일스호는 선체가 기울고 전력이 끊겨 후방의 대공포들이 작동하지 않앉고, 조타까지도 불가능해진 상태에서 다시 3발의 어뢰 공격을 받았다. 이때까지 함장의 뛰어난 조함술로 잘 피해 다니던 리펄스호도 폭격기 20대의 집중 공격으로 5발의 어뢰를 얻어맞았다. 격렬히 반격하여 2대의 적기를 격추했지만, 12시 33분 리펄스호는 함미부터 가라앉으며 침몰하고 만다.

한편 만신창이가 된 프린스오브웨일스호도 끈질기게 저항했지만, 추가로 날아든 일본의 폭탄이 갑판을 명중하며 완전히 숨통이 끊어졌다. 하필 이 1발의 폭탄은 임시 의무실로 사용하던 갑판에 떨어졌고, 이곳에 있던 2백여 명의 의무병과 부상병들이 대부분 사망하고 말았다. 필립스 제독은 배를 포기하고 탈출하라는 퇴함 명령을 내렸고 근처의 구축함들이 구호를 시작했다. 그리고 13시 20분경 영국의 자존심이라 불리던 프린스오브웨일스호는 바닷속으로 완전히 사라졌다.

2척의 대형 함정 침몰과 함께 영국군 840명이 전사하였고 영국의 완패로 끝이 났다. 사령관이었던 필립스 제독은 프린스오브웨일스호와 운명을 함께 했고, 함장인 존 리치 대령도 그 자리에서 전사했다. 이때 전사한 필립스 해군 대장은 2차 세계대전 중에 전사한 연합군 중 가장 높은 계급의 전사자였다고 한다.

다음 날 이 소식을 들은 처칠은 놀라서 입을 다물지 못했다. 전함 2척을 동시에 잃은 것도 모자라, 1척은 영국이 자랑하는 최신 함정이었다. 심지어 일방적으로 두들겨 맞다가 침몰했다는 소식에 영국 내부는 더욱 난리가 났다. 이날의 전투는 진주만 공격이 있고 불과 사흘 뒤에 벌어진 일이었고, 영국의 처참한 패배로 태평양에서 연합군의 해군력은 이제 없는 것이나 마찬가지였다.

　말레이 해전은 전함과 거포 시대의 종말을 알렸다. 또한 항공엄호가 없는 대형 함정들이 항공기 공격에 얼마나 취약한지를 보여 준 대표적인 전투이기도 하다. Z함대 사령관이었던 필립스 제독은 과거의 전투 스타일을 그대로 답습하였고 항공기의 위력과 활용법에 무지했다. 반면 일본 해군은 이전의 전투 방식을 과감히 버리고 새로운 전술을 만들어 승리를 거머쥐었다.

SPECIAL
이산들와나 전투 1879.1.22.
— 오만함의 대가

　1879년 1월 22일 아프리카에서 대사건이 벌어졌다. 전 세계를 호령하던 대영제국의 군대가 아프리카의 원주민들에게 패배한 것이다. 신식 총기로 무장한 유럽 정규군이 창을 든 아프리카 원주민들에게 패배한 이산들와나 전투는 유럽인들에게 큰 충격을 주었다. 이 대영제국의 군대를 박살 낸 주인공은 아프리카에서 가장 용맹한 부족이라고 불리던 줄루족Zulu族이다.

　1870년대 산업혁명을 거치며 세계 최강국이 되어가던 대영제국은 전 세계에 식민지를 가지고 있었고, '해가 지지 않는 나라'로 불리며 제국주의의 절정기를 맞았다. 하지만 그들의 욕심은 끝이 없었고 그 많은 식민지를 가지고도 또 다른 대륙에 눈독을 들이고 있었다. 다음 목표는 바로 다이아몬드 광산과 금광 등 천연자원이 널려 있는 아프리카의 거대한 땅덩어리였다. 영국은 일단 남아프리카 끝의 케이프타운을 점령했지만, 당연히 이곳으로 만족하지 못했다. 내륙으로 진출하여 궁극에는 아프리카 대륙 전체를 손에 넣고 싶었다. 하지만 이미 아프리카에 정착하고 있던 네덜란드계 이민자들인 보어인Boer과 남부 아프리카의 강국인 줄루 왕국은 영국의 야욕에 큰 걸림돌이었다.

아프리카 전통의 강국 줄루 왕국은 검은 나폴레옹이라는 별명을 가졌던 위대한 왕 샤카Shaka 덕분에 넓은 영토와 강력한 지배력을 유지하고 있었고 군사력도 막강했다. 여전히 아프리카의 중소 부족들은 줄루 왕국을 두려워하였고, 그런 줄루 왕국의 지배자는 자기 형제들을 모두 죽이고 왕이 된 세츠와요Cetshwayo라는 인물이었다. 자존심 강한 세츠와요였지만 국경 지역에서 자신들을 자극하던 초강대국인 영국과의 전쟁에는 신중을 기했다.

1878년 12월 남부 아프리카 특사로 프리어Bartles Frere가 영국에서 파견되었다. 그는 줄루족에 의한 영국 민간인 납치사건을 트집잡으며, 세츠와요에게 과도한 배상금을 요구했고, 줄루족 군대 해산이라는 굴욕적인 조건의 최후통첩을 보냈다. 프리어는 어차피 세츠와요의 답변을 들을 생각도 없었고 전쟁을 개시할 명분이 필요했을 뿐이었다. 프리어는 총사령관인 첼름스퍼드Chelmsford 장군에게 줄루 왕국을 침공하도록 하였다. 첼름스퍼드는 오만하기 짝

이 없었다. 그는 줄루군의 전투력에는 아예 관심이 없었다. 잘 훈련된 대영제국군이 일제 사격으로 밀어붙이기만 하면 전투는 순식간에 끝날 것이라고 믿었다.

한편 영국과의 전쟁에 신중을 기하던 세츠와요도 영국의 침공에 결국 전쟁을 결정한다. 세츠와요가 거느리고 있던 수만 명의 줄루군의 전사 임피Impi는 기동력이 뛰어났고 실전으로 단련된 막강한 병력이었다. 더군다나 이들은 근처 지형도 잘 알고 있었다.

1월 11일 첼름스퍼드는 3개의 부대로 나누어 줄루 왕국을 침공한다. 전투의 기본인 정찰 활동까지도 게을리한 영국군과 달리 줄루군 전사 2만여 명은 은밀히 영국군 방향으로 이동 중이었다.

계속 진격하던 영국군은 줄루어로 '작은 손'이라는 뜻의 '이산들와나'에 진을 쳤다. 얼마 안 있어 영국군 정찰대가 근처에 있던 줄루군을 발견하였다. 첼름스퍼드는 이들이 줄루군의 본대라고 오판하여 이산들와나에 있던 병력을 추려서 직접 줄루군을 추격했다. 그는 줄루군 본대를 손쉽게 전멸시키고 빨리 줄루 왕국을 점령할 생각만 하고 있었다.

하지만 이것은 줄루군의 유인 작전이었고 덕분에 이산들와나에 있던 영국군 병력이 둘로 나눠지게 된다. 창과 방패로만 무장해 가벼웠던 줄루군은 나타났다 사라졌다 하며 첼름스퍼드의 영국군을 이산들와나에서 멀리 유인하였고, 이에 말려든 첼름스퍼드는 본대로부터 18km 이상이나 떨어지게 된다.

1월 22일 새벽 이산들와나의 영국군 본대 앞에 나타난 줄루군 주력 병력은 3개 부대, 2만여 명으로 구성되어 있었다. 줄루군은 전통적인 '소뿔 대형'을 완성하고 기습을 준비하고 있었는데, 이들이 영국군 정찰대에 들키면서 갑자기 전투가 시작되었다. 먼저 외곽에서 수비하던 던포드 대령의 병력과 교전이 일어났다. 잘 훈련된 대영제국의 병사들은 무시무시한 화력의 일제 사격으로 돌격하던 줄루군의 임피들을 학살했다. 줄루군은 엄청난 희생을 치르면서도 꾸역꾸역 밀고 들어왔다. 본진에 있던 풀레인 중령도 포병까지 동원하여 줄루군의 정면 공격을 저지하였다. 수많은 임피의 시체가 들판에 널브러지며 정면 공격이 실패하자 줄루군은 우회 공격을 선택했다.

방어선을 크게 우회한 줄루군의 대병력이 영국군 본진의 좌측을 공격하였다. 상대적으로 적은 숫자의 측면 방어 병력은 그대로 무너져 내리기 시작했다. 영국군의 방어선은 너무나 길게 늘어져 있었고, 한번 대열이 무너지기 시작하자 방어선 곳곳에 구멍이 나기 시작했다. 필사적으로 방어하던 영국군 제24 연대와 줄루군이 본진 안에서 뒤엉키며 백병전이 벌어졌다. 영국군은 나름대로 대오를 유지하며 전투를 벌였지만, 압도적인 줄루군의 병력 앞에서는 속수무책이었다. 전투 초반 영국군의 정확한 소총 사격에 엄청난 희생을 치른 줄루 전사들이었지만, 백병전에서 단발 소총을 쏘는 영국군은 손쉬운 먹잇감이었다.

이산들와나의 피비린내 나는 전투는 오후 3시경에 완전히 끝났다. 영국군 제24 연대 소속 6개 중대 가운데 겨우 수십 명만 살아서 도망쳤다. 52명의 장교가 전사했으며 이산들와나에 주둔했던 영국군 1,700명은 거의 다 사망했다.

이산들와나 전투의 결과는 영국은 물론 온 유럽을 충격에 빠뜨렸다. 복수에 불타던 첼름스퍼드는 본국에서 제대로 증원된 병력을 이끌고 마침내 아프리카의 검은 왕국 줄루를 정복했다. 그 후 줄루를 13개의 소 부족으로 갈가리 찢어 버렸다. 왕이었던 세츠와요 역시 포로로 잡히며 줄루 왕국은 지도상에서 사라져 버렸다.

1942.6.4.
미드웨이 해전

1942.8.7.
과달카날 전역

1942.11.12.
과달카날 해전

사보섬 해전
세계 최강 미 해군의 흑역사

현재 지구상에서 군사력이 가장 강한 국가는 천조국, 지구 방위군이라 불리는 미국이다. 그중에서도 미 해군은 가장 막강한 병력을 보유하고 있다. 한 해 국방비에 천조를 쓴다는 미국은 다른 국가에서는 1척도 운용하기 힘들다는 항공모함을 11척이나 운용하고 있다. 그 외 각종 함재기와 핵잠수함, 엄청난 수의 호위 구축함까지 보유할 정도로 엄청난 경제력을 자랑한다. 한 마디로 미 해군은 미국의 힘의 상징이라고 할 수 있고, 미 해군 스스로도 엄청난 자부심을 갖고 있다.

하지만 이런 미 해군에게도 피할 수 없는 흑역사가 있었는데,

바로 제2차 세계대전 중에 벌어진 '사보섬 해전The Battle of Savo Island'이다. 미 해군 역사상 최악의 해전이라고 불리는 사보섬 해전은 1942년 8월 7일부터 솔로몬 제도의 과달카날섬 주변 해역에서 벌어진 전투이다. 과달카날섬이 연합군의 손에 떨어지자 섬 주변에 있던 연합군 해군을 공격하기 위해 일본 해군이 출동했다. 미 해군은 호주 해군과 연합하여 일본 해군과 전투를 벌였으나 미·호주 연합군이 철저하게 박살 나고 말았다.

⊕ 미국의 통쾌한 한 방, 미드웨이 해전

1942년 6월 태평양에서 계속 일본에 밀리던 미국은 미드웨이 해전에서 일본 해군에 통쾌한 한 방을 먹인다. 일본 해군의 야마모토 연합 함대 사령관은 태평양의 하와이까지 삼키려는 야심 찬 계획의 일환으로 전략적 가치가 큰 미드웨이섬을 점령하려고 했지만, 오히려 미 해군과의 전투에서 주력 항공모함 4척과 전투기 3백여 대를 상실하며 큰 패배를 당한다. 미국과 달리 일본은 손실된 병력과 장비들을 보충할 여력이 없었다는 점은 매우 치명적이었다.

일본군의 암호를 미리 해독하여 미드웨이 기습을 알고 대비했던 미 해군의 결정적 한 방이었고, 이 미드웨이 해전을 기점으로 태평양상에서의 주도권이 일본에서 미국으로 넘어가게 된다. 미드웨이 해전이야말로 2차 세계대전 중 태평양 전투에서 가장 중요한 분기점이 된 전투라고 할 수 있다.

그때까지는 일본이 동남아시아를 점령하고 있었지만 미드웨이 해전 때문에 상황이 악화된 일본은 태평양에 있는 유일한 연합군인 호주를 고립시켜 미국과의 연계를 끊을 필요가 있었다. 태평양 지역의 제공권을 장악하고 호주를 공격하기 위한 육상 비행장이 필요해졌고, 일본군은 비행장 건설 등을 위해 솔로몬 제도의 과달카날섬과 인근의 툴라기섬, 플로리다섬에 상륙했다.

일본은 툴라기섬과 과달카날섬에 비행장을 건설하기 시작했는데 이를 미국이 두고 볼 리가 없었다. 만약 이 비행장과 육상 기지들이 완성되면 제공권을 빼앗겨서 미 해군에게 큰 위협이 될 뿐 아니라 일본군 폭격기들에 의해 호주까지 공격받을 상황이었다. 급해진 미국은 이 비행장들이 완성되는 8월 이전에 과달카날 탈취 작전을 펼치기로 한다.

◉ 과달카날 탈취 작전의 시작

1942년 8월 7일 미 해병 제1 사단을 주축으로 한 1만 6천여 명의 연합군은 솔로몬 제도의 과달카날, 툴라기, 플로리다 3개의 섬에 전격적으로 상륙한다. 대규모 폭격을 시작으로 갑작스럽게 미군의 상륙 작전이 시작되자 일본군 수비대는 치열하게 저항했다. 과달카날섬에 연합군이 상륙하자, 다급해진 일본 해군은 미군 상륙부대의 지원함들과 호위선단을 야간에 기습 공격할 계획을 세우고 미카와 군이치 제독의 지휘 아래 7척의 순양함과 1척의 구축함으로 구성된 제8 함대를 구성한다. 제8 함대는 기함인 중순양함 초카이Chokai, 아오바Aoba, 후루타카Furutaka, 카코Kako, 키누가사Kinugasa와 경순양함 텐류Tenryu, 유바리Yubari 그리고 구축함 유나기Yunagi로 구성되었다.

일본군 함대의 전력은 신형함 초카이 외에는 별 볼이 없었지만 이후 전투에서 '솔로몬의 늑대'라 불리는 중순양함 아오바의 정찰기가 중요한 역할을 하게 된다. 중순양함 아오바는 워낙 운이 좋아서 주요 전투를 다 거치면서도 격침되지 않고 끈질기게 살아남아 일본으로 돌아갔는데, 덕분에 솔로몬의 늑대, 불침중순不沈重巡이라는 별명을 얻었다. 아오바호가 속한 이 제8 함대는 뉴브리튼섬과 뉴아일랜드섬의 기지를 출발하여 뉴조지아 해협으로 야밤에 은밀히 남하하기 시작했다.

한편 과달카날섬에 있는 연합군 제61 임무부대는 항공모함 와스프USS Wasp, 새러토가USS Saratoga, 엔터프라이즈USS Enterprise 3척과 전함 노스캐롤라이나USS North Carolina 등의 막강한 전력을 보유하고 있었다. 하지만 라바울에 주둔하던 일본 공군의 공습에 겁을 먹은 미 해군의 플레처Frank Jack Fletcher 제독은 연료를 보급해야 한다는 핑계로 이 항공모함들을 과달카날섬에서 철수시켜 버린다. 미 해군의 입장에서는 금쪽같은 항공모함들을 적 항공기의 사정거리 안에 두는 모험을 하기 싫었겠지만, 결과적으로 이 멍청한 결정 때문에 이후 플레처 제독은 엄청난 비판을 받아야 했다.

공중엄호를 맡은 플레처 제독의 항공모함들이 발을 뺐지만, 미 해병대 제1 사단이 나머지 보급품 등과 함께 완전히 상륙 작전을 마치려면 시간이 더 필요했다. 상륙 작전을 담당하던 리치몬드 터너Richmond K. Turner 제독의 입장에서는 아군의 공중엄호 없이 무방비로 상륙을 마치라는 말이나 마찬가지였다. 상륙 작전 중에 적의 공습을 받으면 막대한 피해가 발생할 것이 뻔했기에 터너 제독은 불같이 화를 냈지만, 이미 상부에서 결정된 사항이었다. 까라면 까야 하는 군대에서 터너 제독은 울며 겨자 먹기로 항공 지원 없이 하여 작업을 계속하기로 했다. 연합군 해군의 정확한 위치와 위협적인 항공모함이 일단 근처에 없다는 것을 눈치챈 미카와 군이치 제독의 제8 함대는 은밀하게 해역으로 접근하고 있었다.

◈ 무너진 연합군의 외각 경계망

항공모함들이 빠진 상태에서 상륙함대의 호위 임무는 대잠 작전 전문가인 영국군 해군 소장 빅터 크러칠리Victor Crutchley 제독의 제62 임무부대 소속 8척의 순양함과 15척의 구축함, 5척의 소해정이 맡게 되었다. 연합군의 전체 전력은 여전히 막강하였지만, 사방을 경계하기 위해 빅터 크러칠리 제독은 함대를 3개로 나누면서 전력이 분산되었다.

남부 그룹은 왕립 호주 해군 중순양함 캔버라HMAS Canberra,

기함 오스트레일리아HMAS Australia, 미 해군 순양함 시카고USS Chicago, 구축함 패터슨USS Patterson과 배글리USS Bagley로 구성하여 룽가곶과 사보섬을 순찰토록 했다.

북부 그룹은 미 해군 중순양함 빈센즈USS Vincennes, 아스토리아USS Astoria, 퀸시USS Quincy, 구축함 헬름USS Helm, 윌슨USS Wilson으로 구성하여 툴라기섬과 사보섬을 사각형으로 순찰토록 했다.

동부 그룹은 미 해군 순양함 산후안USS San Juan, 호바트HMAS Hobart, 구축함 몬센USS Monssen, 뷰캐넌USS Buchanan으로 구성하여 플로리다섬과 과달카날섬 사이를 방어토록 했다.

그런데 여기서 황당한 일들이 연이어 발생한다. 비록 구형이었지만 야간 작전에 필요한 레이더를 장비한 채 외곽 경비 중이던 미 해군 구축함 블루USS Blue와 랠프탤벗USS Ralph Talbot 사이를 일본 함대가 야음을 틈타 일렬로 조용히 침투한 것이다. 사실 구축함 블루와 랠프탤벗의 승조원들은 상공의 일본군 정찰기를 발견해서 보고했다. 그러나 이틀 동안 고도의 경계 태세 근무를 서며 피곤에 찌들어 있던 장교들은 설마하며 상부에 보고 조취를 취하지 않은 것이다. 함장을 비롯한 대부분의 승조원이 더위와 피곤함에 찌들어서 판단력까지 흐려져 버리는 바람에 가장 중요한 외곽 경계망이 허무하게 뚫려 버렸다.

◈ 연합군 남부 그룹 vs 일본 함대

구축함 블루와 랠프탤벗 사이를 통과한 미카와 군이치 제독의 함대는 정찰기의 보고로 연합군 함대의 정확한 위치를 파악하였고, 먼저 남부 그룹을 공격하기로 하였다. 여기서 두 번째 황당한 일이 발생한다. 중순양함 아오바에서 출동한 정찰기가 모든 등화를 켜고 연합군 함대에 접근하는 대담한 짓을 했고 이를 발견한 미군 견시들은 당연히 아군으로 판단하고 보고 하지 않은 것이다. 이들은 아군 함대 한복판으로 등화를 켜고 유유히 지나가는 기체를 적기라고 생각하지 못했다.

1942년 8월 9일 오전 0시 45분 연합군의 함대 배치를 파악한 일본군 제8 함대는 중순양함 초카이를 선두로 사보섬 쪽으로 접근 중이었다. 새벽 1시경 제8 함대는 미군 구축함 자비스USS Jarvis를 발견했으나 이미 이전 전투에서 어뢰에 맞아 만신창이가 된 상태라 그냥 무시하고 지나가 버렸다. 자비스호도 일본 함대를 발견했지만, 불행히도 무전 장비가 망가져서 아군에게 경고를 해 줄 수가 없었다. 자비스호를 발견한 지 2분 후, 드디어 일본군 견시가 12.5km 전방의 미군 남부 그룹 소속 구축함과 순양함들을 발견한다. 구축함 패터슨이 일본 함대를 발견했으나 이미 적의 어뢰가 발사된 후였다. 일본 함대는 17발의 어뢰를 발사했고 동시에 일본군 정찰기들이 조명탄을 투하했다. 패터슨호를 노렸던 어뢰는 빗나갔으나 나머지 순양함들을 향한 어뢰 중 3발이 명중했다.

호주 해군의 중순양함 캔버라는 일본 함대를 발견하고 응전하려고 하는 순간 어뢰 2발이 명중했고, 이미 위치를 파악하고 있던 일본 함대의 일제 사격이 캔버라호의 상부 함교에 집중되었다. 레이더와 전자장비가 발달한 현대 전투함은 장갑판으로 둘러싸인 함선 내부의 CICCombat Information Center에서 지휘하지만, 눈으로 보고 싸우던 2차 세계대전 때 함교는 관측이 쉽도록 바깥에 있었다. 그래서 전투 시에 적함의 지휘실이 있는 함교나 탄약을 보관하는 탄약고를 집중적으로 노렸다. 불행하게도 캔버라호는 단 3분 만에 24발의 포탄이 함교에 명중하여 포술장은 즉사했고, 함장인 게팅 대령도 부상을 입고 몇 시간 후 사망하였다. 배수량 1만 톤, 길이 190m의 호주 해군 중순양함 캔버라는 우현으로 10도나 기운 채 전투 개시 5분여 만에 전투 능력을 상실해 버렸다.

순양함 시카고는 운이 좋았다. 어뢰 1발이 명중했으나 2명의 전사자만 발생하였기에 전투를 지속할 수 있었다. 그러나 조명탄을 쏘며 응사하였으나 1발도 명중시키지 못했다. 일본 함대의 급습에 허둥지둥 대다가 시카고호는 아무것도 하지 못했다. 북부 그룹의 아군 함선에게 경고도 보내지 않았고 이동하는 적들을 추격하지도 않았다. 다행히 일본 함대가 북부 그룹의 공격을 우선시했기 때문에 시카고호는 살아남을 수 있었다. 그러나 전투가 끝난 후 조사위원회에서 시카고호 함장에게 큰 책임을 물을 것이라는 이야기를 들은 함장 하워드 보드는 1943년 4월 19일 권총으로 자살하고 만다.

배수량 1,500톤의 패터슨호는 이 난리에서도 그나마 선전했던 구축함이었다. 5인치 주포를 계속 쏘아대며 일본 함대와 포격전을 벌였지만 결국 4번 포탑에 명중탄을 맞고 10명이 전사하였다. 패터슨호 역시 일본 함대가 더 큰 먹이인 북부 그룹의 중순양함들을 상대하러 올라가 버렸기에 살아남을 수 있었다.

◈ 연합군 북부 그룹 vs 일본 함대

공격 개시 10분여 만에 아무런 피해도 없이 남부 그룹을 박살 낸 일본 함대는 다음 목표인 북부 그룹으로 돌진했다. 새벽 1시 46분 경순양함 텐류가 직사각형을 그리며 초계하고 있던 북부 그룹의 기함 빈센즈를 발견하였고 북부 그룹을 향해 어뢰 4발을 발사하였다. 4분 후인 1시 50분부터는 초카이호의 탐조등에 포착된 아스토리아호를 향해 제8 함대의 일제 사격이 시작되었다. 아스토리아호에서도 반격을 개시했지만, 업무에 지쳐 골아 떨어져 있다가 갑자기 깬 함장 윌리엄 그린먼 대령은 아군끼리의 오인 사격인 줄 알고 사격을 중지시켰다. 하지만 이 잠깐의 침묵 사이에 명중탄을 못 날리던 초카이호가 거리를 계산하는데 성공하였고, 결국 아스토리아호의 상부 구조물에 명중탄이 꽂히기 시작했다.

다른 일본 함선까지 합류하여 포격을 시작했고 결국 아스토리아호는 기관실이 파괴되고 화재가 발생하며 함선이 완전히 정지하였다. 북부 그룹의 중순양함 퀸시는 이 해전에서 가장 심하게 얻어맞았다. 교전이 시작되자 퀸시호는 필사적으로 응전하였으나 이미 늦은 상태였다. 특히 초카이호, 텐류호, 아오바호와 후루타카

호의 십자포화에 걸려 포탄과 어뢰에 집중적으로 얻어맞았다. 이 와중에도 퀸시호의 포탄 2발이 초카이호에 명중하여 34명의 사망자를 냈지만, 퀸시호의 분전은 거기까지였다. 악착같이 저항하던 퀸시호는 결국 오전 2시 35분에 침몰하기 시작했고 퀸시호의 무어 함장을 포함한 승조원 370명이 전사했다.

한편 중순양함 빈센즈는 일본 함대로부터 비춰지는 탐조등이 처음엔 아군이라고 오해했고 주변에 포탄이 떨어지자 그때서야 반격을 시작했다. 이곳에 외곽 방어선을 뚫고 일본 함대가 들어와 있으리라고는 그 누구도 예상하지 못했기에 연합군 해군의 함장들은 혼란스러웠다. 빈센즈호는 74발의 적탄에 피격되었고 초카이호에서 발사한 어뢰 2발과 유바리호에서 발사한 어뢰 1발이 기관실에 맞으며 기관실 승조원들이 모두 전사했고 배는 완전히 정지하게 된다. 좌현으로 기운 빈센즈호의 함장이 퇴함 명령을 내린 지 35분 만인 오전 2시 50분 완전히 침몰했다. 함장은 최대한 승조원들을 구하기 위해 뛰어다녔지만 순식간에 배가 기울어졌고, 950여 명의 승조원 중 332명이 전사했고 258명이 부상당했다. 북부 그룹의 좌, 우현에 있던 구축함 헬름과 윌슨은 뒤늦게 상황을 파악하고 5인치 포들로 포격을 하며 전투에 나섰으나 일본 함대는 중순양함들을 사냥하느라 이 배들은 신경도 쓰지 않았다.

오전 2시 15분 일본 함대는 사보섬 북쪽으로 향하던 중 구축함 랠프탤벗과 교전이 벌어졌고 결국 4발의 명중탄을 맞은 랠프탤벗호는 11명이 전사하였지만 전속력으로 도망가서 살아남았다. 한편 전투 초반 심하게 당한 호주 해군의 중순양함 캔버라는 결국 오전 8시에 침몰하였다. 함장인 게팅 대령을 포함하여 84명이 전사했다. 8월 9일 오후 12시 15분에 화재와 싸우던 아스토리아호 역시 탄약고가 대폭발하면서 침몰하였고, 216명이 전사하고 186명이 부상당했다.

이 전투에서 가장 운이 없었던 건 만신창이가 된 상태로 혼자 시드니로 향하던 구축함 자비스였다. 일본군 제8 함대를 운 좋게 피해 간 자비스호는 전투가 끝난 후인 8월 9일 오후 1시경 혹시 있을지도 모르는 연합군 항공모함을 찾아 헤매던 일본군 공격기들을 만나 격침되었고, 함장 윌리엄 그레이엄 소령을 비롯하여 승조원 247명 전원이 전사하고 말았다.

◈ 미 해군 역사상 최악의 해전

근방의 과달카날섬에서 밤새 요란하게 벌어지는 치열한 해전을 흥미진진하게 구경하던 미 해병대원들은 '우리 해군이 일본 해군들을 박살 내고 있다.'며 환호하고 있었다. 하지만 다음 날 아침 아군 함대가 전부 가라앉아 버린 충격적인 장면을 목격하게 된다.

연합군 2개 부대를 30분 만에 박살 내 버린 일본 제8 함대는 무방비 상태의 미군 수송함대를 공격할 절호의 기회를 잡았다. 하지만 미카와 군이치 제독은 어딘가에 있을지도 모르는 미 항공모함의 공격을 두려워했고, 함대의 진형도 많이 흐트러져 있어 날이 밝기 전에 철수를 결심했다. 몇몇 함장들은 미군 수송함대 공격을 주장했지만 미카와 군이치 제독은 받아들이지 않았다.

이런 일본군의 걱정과 달리 연합군의 항공모함은 근처에 있지도 않았다. 이때 일본 함대가 무방비였던 미군의 상륙, 수송함대를 전멸시켰다면 과달카날 전투의 승패가 바뀌었을 것이다. 이미 상륙한 미 해병 제1 사단의 병력은 보급품 없이 연합군의 증원 병력이 올 때까지 고통 속에서 견뎌야 했을 것이고, 엄청난 피해를 본 연합군 함대는 태평양에서의 작전이 크게 지체됐을 것이다. 하지만 중요한 전력인 미 해군의 항공모함들이 모두 살아 있었고, 이미 미국은 전시체제하의 무제한 물량전을 시작했기에 전쟁의 승패까지 바꾸긴 힘들었을 것이다.

미드웨이에서의 대승리로 분위기가 올라와 있던 연합군은 사보섬 해전에서 천 명이 넘는 전사자와 4척의 중순양함, 2척의 구축함을 잃었다. 반면 일본군은 60여 명의 전사자와 3척의 함정에 경미한 손실이 있었을 뿐이었다.

항공모함에 이어 호위함대까지 잃은 이런 위험한 상황에서도 터너 제독은 즉시 철수하지 않고 양륙 작업을 강행해서 신고 왔던 식량과 탄약 등 물자의 40%가량을 양륙에 성공시킨다. 하지만 물자를 100% 옮기지 못한 미 해병 제1 사단은 이후 물과 식량 부족 등 최악의 보급 상황에 처하게 되면서 일본군이 과달카날섬에 남기고 간 물자로 버티게 된다. 설상가상으로 플레처 제독의 항공모함이 철수하는 바람에 제공권까지 빼앗겨서 매일 일본군의 공급을 받아야 했는데, 역사상 미국이 유일하게 제공권과 제해권을 빼앗긴 사례이기도 하다.

사보섬 해전 후 큰 충격을 받은 미 해군의 니미츠 제독은 패전의 원인을 정밀하게 분석하였다. 그 결과 함선 간의 통신 불량, 공중정찰 미비, 장비 불량, 함대 지휘관의 부재 및 안일한 대응 등 여러 가지 원인을 찾았고, 이는 미 해군에게 여러 가지 뼈아픈 교훈을 남기게 되었다. 이 해전을 계기로 미군은 통신장비와 레이더의 개량 등 많은 발전이 이뤄지게 된다. 사보섬 해전은 뼈아픈 패배이기는 하지만 태평양 전선에서 본격적으로 반격을 준비하던 미군에게 쓴 약이 된 의미 있는 패배였다. 미국은 미드웨이에서의 대승으로 안일해졌던 정신이 번쩍 들었을 것이다.

사보섬 해전을 시작으로 약 여섯 달 동안 치열한 전투가 벌어진 끝에 결국 미국이 과달카날 지역을 점령하며 일본 본토까지 압박하게 된다. 과달카날 전투 기간 동안 사보섬 근처의 좁은 해역에서 벌어진 여러 전투에서 많은 함선이 침몰하였고, 침몰한 배들이 해저를 쇳덩어리로 도배했다고 하여 이 지역은 '아이언바텀 해협 Iron Bottom Sound'라는 별명이 붙었다.

1940.7.10.
영국 본토 항공전

1942.8.19.
디에프 상륙 작전

1944.6.6.
노르망디 상륙 작전

디에프 상륙 작전

캐나다군의 피로 쓰인 작전

　1944년에 실행된 노르망디 상륙 작전은 역사적으로 굉장히 유명한 작전이다. 무려 육해공군 16만 명이 동원된 연합군의 상륙 작전으로 목표는 독일이 점령하고 있던 프랑스의 노르망디였다. 6월 6일 새벽, 먼저 대규모 공수부대가 투입되었고 날이 밝은 후 상륙 작전이 시작되었다. 대규모 지상 병력이 성공적으로 상륙하며 유럽 탈환의 시작을 알렸다. 이 작전은 제2차 세계대전의 분수령이 되었고 〈라이언 일병 구하기〉와 같은 영화의 소재가 되기도 했다. 하지만 인류 역사상 최대의 상륙 작전인 이 노르망디 상륙 작전이 하루아침에 성공한 것은 아니었다. 1942년에 있었던 디에프 상륙 작전에서의 경험이 있었기에 성공할 수 있었다.

⊕ 오퍼레이션 주빌리

1940년 7월부터 영국에서 독일 공군과 영국 공군과의 공중전이 벌어진다. 프랑스가 순식간에 항복하고 서유럽에서는 영국 홀로 남은 상황이었다. 히틀러는 섬나라인 영국을 공군력으로 굴복시키려 매일 영국을 폭격하기 시작했고, 이에 맞선 영국 공군은 수적으로 불리한 상황에서도 본토를 지켰다. 결국 독일 공군의 실패로 영국 본토에 상륙하려던 히틀러의 바다사자 작전은 취소된다.

영국은 본토 항공전에서 승리하며 일단 급한 불을 껐지만, 소련의 스탈린은 독일군이 모스크바 코앞까지 밀고 들어오자 다급해 질 수밖에 없었다. 스탈린은 영국의 처칠에게 제발 서쪽에 또 다른 전선을 구축해서 독일군에 대한 압박을 줄여달라고 애걸하고 있었다. 영국은 기습 작전으로 독일 점령하의 프랑스 공격 계획을 세운다. 책임자는 영국의 루이스 마운트배튼Louis Mountbatten 준장으로 빅토리아 여왕의 외증손자이며 정치가이자 군인이었다. 마운트배튼 경은 대규모 상륙 작전을 구상 중이었는데, 이번 기습 작전을 통해 연합군의 상륙 능력도 확인하고 적의 방어태세도 점검한 후 퇴각할 생각이었다.

여러 상륙 지역 후보 중에 선택된 곳은 프랑스의 '디에프Dieppe'

라는 항구도시였다. 이곳은 영국군 전투기의 전투반경 안쪽이라 공중 지원도 가능했고, 거리도 그렇게 멀지 않아 상륙 작전을 펼치기에 지리적으로 안성맞춤이었다. 이 상륙 작전은 작전명 '루터 Operation Rutter'라 이름 지어졌고 치밀하게 사전 훈련까지 실시했다. 악천후 등의 사정으로 작전이 폐기될 뻔했지만, 집념의 마운트배튼 준장은 절친한 처칠을 설득하여 '주빌리 작전Operation Jubilee'으로 이름만 바꾸어 작전을 다시 강행하였다.

주빌리 작전에는 2차 세계대전 중에 창설해 전후방에서 맹활약을 펼치던 영국의 코만도 특수부대원 천여 명을 포함하여 영국군 전차 58대, 영국 공군과 구축함, 상륙함 등의 해군 병력 그리고 캐나다 제2 보병사단 5천여 명이 동원되었다.

하지만 이 작전이 실패할 수밖에 없는 요소가 이미 여러 곳에 있었다. 먼저 독일은 스파이를 통해 상륙 작전에 대해 많은 정보를 얻은 후 디에프 해안에 대한 경계를 강화하고 있었다. 해안가에 수많은 초소와 벙커를 설치하고 절벽 안에도 요새화된 방어 포대가 즐비했다. 디에프 근처의 독일 공군 또한 2백여 대의 전투기와 백여 대의 폭격기를 보유하고 있는 막강한 전력이었다.

상륙 작전은 대부분 엄폐물이 전혀 없는 해변에서 적의 공격을 몸으로 받으며 육지로 돌격하기 때문에 사상률이 높고 위험한 작전이다. 그래서 상륙 작전은 적이 예상치 못한 장소에 기습적으로 공격하는 것이 성공 여부를 결정한다. 디에프 같은 경우는 이미 위치가 노출되어 시작하기도 전에 절반은 실패한 것이나 마찬가지였다. 게다가 상륙부대의 주력인 캐나다 제2 보병사단은 실전 경험이 별로 없는 부대이기도 했다. 또한 대부분의 실패한 다른 작전들이 그렇듯이 기본적인 정보 수집이 너무 부실했다. 사전에 상륙 지점에 대한 충분한 정찰이 이루어지지 않은 상태에서 작전을 감행한 것이 큰 실수였다. 디에프 해안에는 넘기 힘든 절벽과 높은 방벽들이 많았고 모래사장 때문에 전차 등의 기갑차량이 기동하기에도 최악이었다. 이런 수많은 불안 요소를 안은 채 작전은 시작되었다.

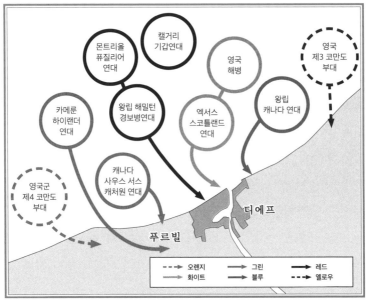

주빌리 작전 상륙 지점

1942년 8월 19일 새벽 함포 지원을 위한 8척의 구축함, 각종 소해함 그리고 상륙정들이 포함된 237척의 연합군 함대가 디에프를 향해 출발했다. 연합군은 상륙 지점을 6개의 구역으로 구분했다.

작전 계획은 이랬다. 먼저 영국군 코만도가 해안 양 끝에 있는 옐로우 해안과 오렌지 해안에 상륙해 상륙군에 위협적인 해안 포대를 제거한 후 주력인 캐나다군이 상륙하여 독일군 사령부와 시내를 점령, 확보한 다음 해변으로 돌아와서 퇴각하는 계획이었다. 물론 계획은 그랬다.

✺ 꼬여만 가는 주빌리 작전

새벽 야음을 틈타 옐로우 해안으로 접근하던 영국군 제3 코만도부대 병력이 독일 해군에게 발각되어 교전이 벌어졌다. 일부 병력이 해안에 상륙하지만 대부분 전사하거나 포로가 되었다. 이미 이 시점에서 독일군 레이더 기지는 상륙 병력을 탐지했고, 근처의 독일군에 비상이 걸렸다.

반면 오렌지 해안에서는 영국군 제4 코만도부대 병력이 성공적으로 상륙하여 계획대로 적 해안 포대와 대공포 진지를 제압했다. 오렌지 해안의 병력만이 이 작전에서 유일하게 계획대로 성공한 병력이었다.

블루 해안에 상륙한 왕립 캐나다 연대는 불운했다. 해안의 높은 절벽들과 정보에도 없던 3.5m 높이의 안벽에 전진이 가로막혀 버렸다. 이미 비상이 걸려서 대기하고 있던 독일군 방어 병력의 공격에 전혀 엄폐물이 없는 곳에 노출된 캐나다군은 해안가에 상륙하는 족족 죽어 나갔다. 5백 명의 왕립 캐나다 연대 병력은 230여 명이 전사하고 264명이 포로로 잡히며 전멸했다. 거기다 병력을 내려 주던 상륙정도 4척이나 침몰했다.

그린 해안도 상황은 나빴다. 원래 계획은 캐나다군 사우스 서스캐처원 연대가 먼저 푸르빌Pourville 지역에 상륙하여 적 레이더 기지를 점령한 후 카메룬 하이랜더 연대와 합류하는 것이었다. 하지만 잘못된 지역에 상륙한 사우스 서스캐처원 연대는 목표 지점으로 돌아가다 독일군과 교전이 벌어져 큰 피해를 본다. 뒤늦게 상륙한 카메룬 하이랜더 연대도 독일군의 반격 때문에 해안에 고립되어 오도 가도 못하는 상태가 되었다. 이후 필사적으로 구출 작전을 펼치지만, 오히려 구조 과정에서 연합군 구축함 1척이 해안포에 격침되면서 3백여 명의 병력만 탈출에 성공한다.

주빌리 작전의 주공격 방향은 레드 해안과 화이트 해안이었다. 이곳은 몬트리올 퓨질리어 연대, 왕립 해밀턴 경보병연대, 캘거리 기갑연대, 영국 해병, 에섹스 스코틀랜드 연대가 담당했다. 하지만 상륙 지점 해안에는 다른 곳과 마찬가지로 각종 대전차 장애물과 수많은 독일군 방어진지가 배치되어 있었기 때문에 상륙하기에는 최악이었다. 구축함들의 엄호 사격과 함께 상륙이 시작됐지만, 독일군 해안 포대의 강력한 반격에 오히려 영국 함대는 당황하며 우왕좌왕했다. 적의 포화를 뚫고 상륙정들이 해안에 도달했지만, 상륙정에서 내림과 동시에 기다렸다는 듯이 독일군의 무지막지한 공격을 받았다. 엄폐된 기관총과 박격포들의 공격으로 해안에는 연합군 병력들의 시체들이 쌓이기 시작했다.

예정보다 뒤늦게 전차들을 싣고 온 상륙정들 역시 독일군의 살벌한 공격을 받았고 전차를 내린 후 급하게 빠져 나가려던 상륙정들은 대부분 피격당하거나 침몰당했다. 그나마 상륙에 성공한 처칠 전차들은 디에프의 자갈 해변에서 허우적대고 있었고, 궤도가 박살나서 움직이지 못한 전차들은 그 자리에서 격파당했다. 전차대대장 역시 초반에 전사하는 등 악전고투 끝에 겨우 해안을 빠져 나온 15대의 전차들은 디에프 시내까지 전진했지만 대부분 격파된다.

통신 문제로 아비규환의 해변 상황을 모르던 연합군 지휘부는 날이 밝아 오는 아침까지 계속해서 예비 병력을 밀어 넣었고, 아무것도 모르고 접근하던 상륙정들은 독일군에게 차례로 격침당했다. 물론 상륙정에 타고 있던 병력은 해안에 발도 못 붙여 보고 수장되었다.

🎯 역사상 가장 실패한 상륙 작전

오전 9시가 되어서야 상황을 파악한 연합군 지휘부는 서둘러 철수 작전을 펼쳤지만 이미 많은 상륙정이 침몰하여 단시간 내에 해안에 갇힌 병력을 구출할 수가 없었다. 구출 상륙정이 올 때까지 일방적으로 공격당하며 해안에서 버티던 상륙 병력은 처참할 정도의 피해를 보았다.

물론 독일군은 해안가에 무방비로 널려 있는 연합군을 곱게 보내 줄 마음이 없었다. 독일 공군은 허겁지겁 후퇴하는 연합군 함정들과 해변의 병력들을 무자비하게 공격했고 영국 공군기들이 날아와 철수를 엄호했지만, 이 지역은 점령당한 프랑스 영토였기 때문에 독일군의 홈그라운드나 다름없었다. 영국 본토에서 날아온 연합군 공군기들은 상대적으로 짧은 체공 시간과 수많은 독일군의 대공포로 인해 압도적으로 불리한 상황이었다.

작전에 참가했던 캐나다 제2 보병사단은 5천여 명의 병력 중 천여 명이 전사하고 2천여 명이 포로로 잡히는 끔찍한 피해를 본다. 캐나다군으로서는 대재앙이었다. 영국군 코만도 250여 명이 전사하고 연합군 해군은 구축함 1척 침몰, 상륙정 33척 손실과 550여 명이 전사했고, 공군도 전투기와 폭격기 등 110여 대가 격추당하는 극심한 피해를 보았다.

디에프 상륙 작전은 목표도 명확하지 않은 어설픈 계획과 중요 정보의 유출, 적에 대한 정보 부족, 현장과 지휘부의 긴밀한 소통 부족 등 많은 문제점을 노출한 작전이었다. 연합군 육해공군이 디에프에서 사이좋게 녹아내렸지만 연합군이 이 작전에서 얻은 것도 있다. 바로 이 작전의 실패를 철저하게 분석하여 훗날 노르망디 상륙 작전에서 바보 같은 실수를 반복하지 않았다는 것이다.

예를 들어 디에프 상륙 작전 때는 보급에 꼭 필요한 항구를 상륙 지점으로 고집했다. 하지만 2년 뒤인 노르망디 상륙 작전에서는 항구를 고집하지 않고 일단 상륙해서 교두보를 확보한 후 아예 조립식 인공 항구를 만들어 버린다. 디에프 상륙 작전은 가장 실패한 상륙 작전으로 회자되곤 했는데 계속해서 비난이 제기되자 작전을 지휘했던 마운트배튼 경은 이렇게 주장했다.

"디에프에서 죽은 병사 1명이 노르망디에서 적어도 10명은 살렸다."

노르망디 상륙 작전은 2차 세계대전의 큰 분수령이 된 성공적인 작전으로 역사에 길이 남았지만, 그 성공의 뒤에는 캐나다군의 피로 쓰인 디에프 상륙 작전이 있었다. 하지만 마운트배튼 경의 주장은 억지 핑계일 뿐이다. 디에프 상륙 작전이 분명 노르망디 상륙 작전의 성공에 도움을 준 것은 맞지만, 그 사실만으로 이 작전의 실패가 덮어지지는 않는다. 처음부터 노르망디 상륙 작전의 예행연습 개념도 아니었고 설사 그렇다 치더라도 디에프 해변에서 녹아내린 캐나다군의 피해가 너무나 컸다.

만약 책상머리 위에서 계획된 모든 작전이 100% 그대로 실행된다면 전투에서 패배할 일은 없을 것이다. 전투에서는 언제나 예상치 못한 변수들이 생길 수 있기에 지휘관들의 임기응변 능력이 중요하다. 이런 지휘관들의 능력에 따라 수백, 수천 명의 목숨이

왔다 갔다 하는 곳이 전쟁터이다. 불행하게도 디에프의 캐나다군
은 지휘관을 잘못 만난 대가를 혹독하게 치렀다.

1943.7.10.
시칠리아 침공

1943.10.14.
슈바인푸르트 공습

1943.11.22.
카이로 회담

슈바인푸르트 공습

하늘의 대학살

〈로마의 휴일〉로 유명한 배우 그레고리 펙 주연의 전쟁 영화 〈Twelve O'Clock High〉의 주인공들은 제2차 세계대전 당시의 미군 폭격기 조종사들이다. 우리나라에서는 〈정오의 출격〉이라는 요상한 이름으로 개봉되었는데 제목에서 말하는 'Twelve O'Clock High'는 '정면, 12시 방향 상공'이라는 의미이다.

2차 세계대전 당시 독일군이 맷집 좋기로 유명한 미 육군 항공대의 B-17 폭격기들을 공략하기 위해 사용하던 전술이 그나마 방어력이 약한 기수 부분을 집중 공격하는 것이었다. 바로 이 기수 부분이 12시 방향 정면Twelve O'Clock High이다. 요즘 같으면 원거리에서 미사일로 공격하겠지만 2차 세계대전 당시에는 미사일이 발달되지 않았기에 위험을 무릅쓰더라도 직접 눈으로 보고 공격하는 방법밖에는 없었다. 근접 공격 시에는 적기에 있는 상대방 얼굴의 표정까지 확인할 수 있을 정도였다.

10명의 승무원이 탑승하는 B-17은 기체가 방탄장갑으로 둘러져 있었고 사방을 방어용 기관총으로 도배했기 때문에 독일 공군기에게는 정말 까다로운 상대였다. 그 정도로 독일군이 힘들게 상대했던 폭격기가 '하늘을 나는 요새'라는 별명을 가진 B-17이다. 그러나 이 막강한 기체도 수십 대가 한꺼번에 격추된 적이 있었는데, 바로 '검은 목요일'이라고 불리는 '슈바인푸르트 공습 작전 Schweinfurt Raid'이다.

◈ 슈바인푸르트 공습 작전

2차 세계대전이 한창이던 1943년 7월 연합군은 독일군이 사용하는 볼 베어링의 50% 이상을 생산하고 있는 독일 본토의 슈바인푸르트에 대한 공습 작전을 준비한다. 볼 베어링은 전투기나 전차 등 독일군 주요 장비에 들어가는 핵심 부품이었다. 흔히 전투라고 하면 최첨단 무기들을 가지고 많은 군인이 싸우는 치열한 전장만을 생각하지만, 그 이면에는 알려지지 않은 수많은 요소가 존재한다. 적의 고급 지휘관을 암살하기 위한 작전이나 무기 생산 공장의 파괴, 게릴라전을 위한 사전 포섭 작전과 수많은 회유와 협박 작전 등 전쟁이란 이런 크고 작은 작전들이 모여서 유기적으로 진행되는 복잡한 과정이다. 연합군은 독일군의 주요 군 장비에 필수적인 볼 베어링 생산 공장들을 파괴하면 독일군 장비 생산량에 치명적인 피해를 주어 전쟁을 승리로 이끌 수 있을 것이라 예상했다.

영국 공군은 독일 본토를 공격할 수 있는 거리에 있었지만 야간 폭격만 하던 영국 공군에게 슈바인푸르트의 공장들은 너무 작았다. 특히 주변에 강력한 방공망이 형성되어 더욱 위험한 곳이기에 아예 목표물에서 제외한 곳이기도 했다. 하지만 콧대 높던 미군은 이런 영국 공군을 비웃었다. '마이티 에잇'이라는 별칭을 가진 미 육군 항공대 제8 공군의 사령관 아이라 에이커Ira C. Eaker 중장은 폭격기 맹신론자였고, 중무장한 대규모의 B-17 폭격기라면 훤한 대낮에 호위 전투기 없이도 임무가 가능하다고 주장했다. 강력한 방어력과 무장으로 도배한 B-17 편대가 대규모로 밀고 들어가면 무서울 것이 없다고 생각한 것이다. 에이커 중장은 더 욕심을 부려서 슈바인푸르트와 더불어 독일군의 메세르슈미트 전투기 공장이 있는 독일 본토의 레겐스부르크Regensburg까지 목표로 삼을 정도로 자신감이 넘쳤다. 그렇게 레겐스부르크를 먼저 공격하여 독일 전투기들을 유인해 낸 후 중요 목표인 슈바인푸르트를 폭격하는 양동 작전을 계획했다.

공격 편대는 2개의 부대로 나뉘었다. 커티스 르메이Curtis E. LeMay 대령이 지휘하는 제4 폭격비행단은 B-17 폭격기 146대,

P-47 썬더볼트 전투기 87대로 이루어졌다. 이들의 계획은 레겐스부르크를 폭격하고 그대로 알프스와 지중해를 넘어 알제리의 미군 기지에 착륙하는 것이었다. 로버트 윌리엄스Robert B. Williams 준장이 지휘하는 제1 폭격비행단은 B-17 폭격기 230여 대로 구성되었고, 주요 목표인 슈바인푸르트를 폭격하고 다시 영국의 기지로 되돌아오는 계획이었다.

◉ 하늘을 나는 요새의 추락

작전 게시일인 8월 17일 아침 기상 상황이 좋지 않아 예정보다 늦어졌지만, 어쨌든 제8 공군의 폭격기들은 이륙을 시작했다. 폭탄과 연료를 가득 싣고 하늘을 뒤덮은 B-17 편대의 모습은 장관이었다. 승무원들도 이런 대규모 편대를 둘러보며 두려움보다는 자신감이 넘쳐나고 있었다. 먼저 이륙한 르메이 대령의 폭격기들이 네덜란드를 지나 독일 국경으로 접근하자 독일군 전투기들과 대공포들의 공격을 받기 시작했다.

당시에는 폭격기들과 끝까지 함께 비행할 수 있는 항속거리를 가진 전투기들이 배치되지 않은 상태였다. 이에 독일군 전투기들은 폭격기들의 호위를 맡은 P-47 썬더볼트가 연료 부족으로 곧 돌아가야 한다는 것을 알고 있었기에 호시탐탐 기회를 노릴 뿐 적극적으로 공격하지는 않았다. 결국 호위기들이 돌아가자 기다렸다는 듯이 독일 전투기들의 B-17 사냥이 시작되었다.

B-17 편대는 주로 박스형의 편대 대형을 짜고 비행했는데, 이는 서로 사각을 엄호하며 더욱 강력한 화망을 구성할 수 있었기 때문이었다. 그래서 독일군은 이 대형을 깨기 위해 많은 연구를 했다. 먼저 B-17 기관총 사거리 밖에서 로켓탄을 발사하거나 아예 B-17 편대 위에서 지연신관을 장착한 폭탄들을 투하해 폭격기들을 공격하기도 했다. 또는 길잡이 역할을 하는 선두기만 집중적으로 노리거나 빠른 속도로 접근해 방어력이 취약한 기수 부분만을 집중 공격하였다.

대규모 B-17 편대가 필사적으로 대형을 유지하며 전진했지만 결국 대열에서 낙오하거나 이탈한 B-17은 여지없이 사냥당했다. 시간이 흐를수록 하늘에는 불꽃에 휩싸여 추락하는 기체들과 탈출하는 낙하산들로 뒤덮이기 시작했다. 무선통신망은 승무원들의 비명으로 가득 찼고 편대의 공간이 조금씩 벌어지고 있었다. 더군다나 목표인 레겐스부르크까지는 독일 본토 공군 기지들이 깔려 있었기에 연료와 탄약을 꽉 채운 새로운 기지의 전투기들이 교대로 공격하는 상황까지 벌어졌다. 이렇게까지 독일 영공 깊이까지 들어와 본 적이 없던 제4 폭격비행단의 승무원들은 극악의 공포를 맞보고 있었다.

강력한 적의 저항을 뚫고 레겐스부르크에 도착해 폭격 임무를 완수한 제4 폭격비행단은 이때까지 15대의 폭격기가 격추되었다. 폭격 임무는 완수하였지만 빠져 나가는 길에 알프스 근처에서 3대가 더 격추되었고, 다른 2대는 스위스에, 5대는 지중해 인근에 불시착한다. 하지만 더 큰 문제는 뒤늦게 도착한 230대의 제1 폭격비행단이었다. 이들은 독일 국경으로 들어서자마자, 이미 재급유와 재무장을 마치고 기다리던 독일 공군기 2백여 대의 맹렬한 공격을 받았다. 3시간 전과 같은 코스와 고도로 들어오는 폭격기들은 손쉬운 먹잇감이었다. 제1 폭격비행단은 목적지로 가는 동안 21대의 B-17을 잃었으나, 목표인 슈바인푸르트 상공에 도착하여 볼베어링 공장에 420톤의 폭탄을 성공적으로 투하했다. 하지만 임무를 완수한 제1 폭격비행단은 왔던 길을 돌아 영국으로 가야 했고 그러려면 다시 길목을 지키고 있던 독일 전투기들의 요격을 뚫고 가야만 했다. 결국 돌아가는 길에 다시 수많은 B-17이 격추당한다.

이 공습 작전에서 제8 공군은 60대의 B-17과 5대의 전투기가 격추되었고 귀환한 항공기들도 백 대 이상이 대파되어 이 중 수십 대는 폐기되었다. 결정적으로 출격했던 승무원 중 무려 6백 명 이상이 전사하거나 실종되었기에 충격은 더 컸다. 20대의 젊은이 수백 명이 하늘에서 사라졌다. 반면 독일군은 25대의 전투기가 격추되었지만 탈출한 조종사들은 대부분 살아남았다. 공격을 받은 슈바인푸르트의 볼 베어링 공장도 생산량이 감소하는 피해를 보았지만 독일에 치명상을 입힐 정도는 아니었다. 독일은 이미 엄청난 양의 볼 베어링을 비축해 두었고 이탈리아나 스웨덴으로부터도 공급받고 있었다.

⊕ 검은 목요일

불행히도 제8 공군의 비극은 여기서 끝나지 않았다. 연합군은 폭격 이후에도 슈바인푸르트의 볼 베어링 공장들이 빠른 속도로 복구되고 있음을 알게 되었고, 공장들이 완전히 재가동되기 전에 다시 한번 폭격하여 끝장을 내고 싶었다. 제8 공군의 지휘부는 즉각적인 공습을 지시하였다. 극악의 공포를 경험한 많은 현장 지휘관들의 우려에도 불구하고 지휘부는 또다시 호위 전투기 없이 막무가내로 폭격기들만 들여보내는 계획을 세웠다.

1차 공습 때 피해가 컸던 이유를 2개의 편대로 나뉘어 전력이 분산되었기 때문이라고 판단하여 2차 공습 때는 한 번에 모든 폭격기를 출격시키는 오판을 저지른다. 곧 유럽 전선에 도착할 P-38 라이트닝, P-51 무스탕 같은 장거리 호위 전투기들을 기다리지 않고 조급하게 폭격을 실행한 것은 지휘부의 치명적인 실수였다.

10월 14일 아침 3백여 대의 B-17 폭격기와 2백 대의 호위 전투기들로 구성된 대편대가 슈바인푸르트로 향한다. 역시나 독일 전투기들은 호위 전투기들이 연료 부족으로 돌아갈 때까지 적극적으로 공격하지 않으며 따라왔다. 그리고 호위기들이 돌아가자 공격을 시작했다. 1차 공습 때와 같은 패턴이었다. 수많은 독일 전투기가 1차 공습 작전 때 사용했던 전술들을 사용해 편대의 대형을 찢어 놓으려고 노력했고 흩어져 이탈한 B-17기들은 또다시 독일군의 먹이가 되었다. 극도의 공포감 속에서도 폭격기 승무원들은 상호 간의 방어력 유지를 위해 빈 공간을 계속해서 메꾸며 전진했다. 하지만 독일 상공에는 불이 붙은 채 추락하는 수많은 폭격기로 점점 메워지기 시작했다.

결과는 처참했다. 슈바인푸르트에 도착할 때쯤에는 이미 28대의 폭격기가 격추되어 사라졌고 34대는 심각한 파손으로 영국으로 돌아갔다. 더군다나 슈바인푸르트 근처엔 추가된 대공 포대가 즐비했고, B-17 폭격기들은 이 살벌한 대공포에 격추당하면서도 탄막을 뚫고 폭격을 시작하였다. 폭격 편대는 다행히 5백 톤의 폭탄들을 목표물에 성공적으로 투하하며 볼 베어링 공장들을 박살낸다. 임무는 성공적이었지만 1차 폭격 때처럼 기지로 귀환하는 길은 결코 쉽지 않았다. 폭격을 하는 동안 이미 재급유와 재무장을 마친 독일 전투기들은 복수심에 불타서, 돌아가는 폭격기들을 집요하게 공격했고 폭격기 32대를 격추시켰다. 영불 해협을 꾸역꾸역 넘어 살아 돌아온 폭격기들도 대부분이 크고 작은 피해를 보았으며 각 기체에는 부상당하거나 전사한 승무원들이 가득했다. 이 최악의 작전에서 B-17 폭격기가 무려 60대나 격추당하고 17대가 대파된다. 120대 이상이 크고 작은 파손을 입었으며, 폭격기 승무원 2천 9백여 명 중 640여 명이 전사하거나 실종되는 대참사가 발생했다.

제8 공군의 희생으로 독일 볼 베어링 공장은 생산능력의 67%가 파괴되며 큰 피해를 보긴 했지만, 어차피 볼 베어링의 저장량은 충분했다. 오히려 2차 슈바인푸르트 공습 후 제8 공군의 피해가 너무 커서 추가 공습은 꿈도 꾸지 못할 지경이었으며, 승무원들의 희생 소식은 많은 미국인을 경악하게 만들었다. 이후 미군들은 이 공습을 '검은 목요일'이라고 불렀다. 자신만만하게 밀어붙였다가 호되게 당한 제8 공군 사령관 에이커 중장은 부랴부랴 주간 공습 잠정 중단과 호위기 없는 폭격기 출격을 금지한다. 이 정도 손실량은 도저히 받아들일 수 있는 수치가 아니었으며 이런 식이면 제8 공군은 곧 소멸할 것이 뻔했다.

많은 희생 속에서 모든 것이 정상으로 돌아간 것은 'P-51 무스탕'이라는 기체가 나타나면서부터였다. 엄청난 항속거리를 가진 무스탕은 B-17 폭격기의 모든 과정을 호위할 수 있었다. 실제로 1944년 2월에 있었던 슈바인푸르트 3차 공습에서는 무스탕이 호위를 담당하여 231기의 폭격기 중에 단 11대만 격추되며 성공적으로 공습을 마쳤다.

제8 공군의 지휘부가 좀 더 기다려서 무스탕을 인수한 후 폭격했으면 검은 목요일은 생기지 않았을 것이다. 물론 지휘부의 입장에서는 서둘러 폭격할 이유가 있었지만, 그렇다고 해도 폭격기라는 존재에 대한 맹신이 너무 컸고 1차 공습에 대한 학습효과가 전혀 없었다는 점은 안타까울 뿐이다. 조금만 인내심을 갖고 신중하게 행동했다면 6백 명 이상의 젊은이들이 하늘에서 산화하지 않았을 것이다.

1944.6.6.
노르망디 상륙 작전

1944.8.25.
파리 해방

1944.9.17.
마켓 가든 작전

마켓 가든 작전

조급함이 부른 실패

제2차 세계대전이 한창인 1944년 6월 6일 지상 최대의 작전이라고 불리는 '노르망디 상륙 작전'이 시작되었다. 적지에 상륙해야 하는 상륙 작전은 많은 희생이 따를 수도 있는 위험한 도박이지만 한국 전쟁의 인천 상륙 작전처럼 성공하기만 하면 단번에 전세를 역전시킬 수도 있는 배팅해 볼 만한 전술이다. 연합군은 많은 희생 끝에 프랑스 노르망디 해변에 성공적으로 상륙했고, 드디어 유럽 대륙을 탈환하기 위한 작전에 시동을 걸었다.

✪ 연합군의 유럽 대륙 탈환 작전

노르망디로 밀고 들어오는 대규모 연합군을 상대하느라 방어에 투입된 독일군 정예 병력이 소모되어 갔다. 이 덕분에 고전하고 있던 동부 전선의 또 다른 연합군인 소련군의 숨통이 트이게 되었다. 압도적인 물량을 앞세운 미국 등의 연합군이 유럽에 2개의 전선을 만들면서 압박하자 독일은 패망의 조짐이 보이기 시작했다.

히틀러의 독일이 2차 세계대전에서 패한 이유는 여러 가지가 있지만, 가장 치명적인 실수는 유럽에 2개의 전선을 만든 것이다. 동부 전선의 소련을 만만하게 봤던 히틀러는 무모하게 소련에 싸움을 걸었고, 소련은 큰 희생을 치르면서도 끈질기게 버티며 독일군을 끌어들였다. 아무리 유럽 최강의 독일군이라도 어마어마한 물량을 퍼부으며 싸우는 미국과 머릿수로 밀어붙이는 소련 앞에서는 승산이 없었다. 만약 히틀러가 소련을 건드리지 않고 서부 전선에 올인했다면 전쟁의 결과는 달라졌을지도 모른다.

약 두 달 동안 노르망디에서 피 터지게 싸우던 연합군은 드디어 반격을 위한 교두보를 확보하였고, 이제 독일 본토로 밀고 들어가서 전쟁을 끝내는 일만 남았다고 생각했다. 자연스럽게 최전선은 벨기에를 지나 독일 본토 쪽으로 빠르게 이동했지만 여기서 예상치 못한 한 가지 문제가 발생한다. 독일이 프랑스에서 후퇴하면서 주요 항구들을 대부분 파괴해 버린 것이다. 연합군이 반격에 필요한 대규모 병력과 물자를 하역할 수 있는 지역은 노르망디가 유일했다. 아무리 막강한 군대도 탄약과 식량, 연료 등의 보급 문제가 해결되지 않으면 싸울 수가 없다. 독일군을 몰아붙이고는 있었지만 노르망디에서 점점 멀어지던 연합군 전방 부대는 결국 보급 문제로 진격을 멈추었다.

◎ 암호명 마켓 가든

결정적 승기를 잡고 있던 연합군 최고 사령부는 독일군을 조금만 더 몰아붙이면 전쟁을 끝낼 수 있을 것이라 낙관하였다. 영국의 버나드 몽고메리 원수는 야심 찬 작전을 계획한다. 만약 계획대로 이 작전만 성공한다면 몽고메리는 이 끔찍한 전쟁을 끝낸 영웅이 될 것이었다. 하지만 야심 찬 계획에 비해 결과는 너무나 초라해 이 작전은 몽고메리 원수의 경력에 최대의 오점으로 남게 된다.

작전 내용은 간단했다. 프랑스 국경 쪽에 펼쳐진 독일군의 강력한 방어 요새 지크프리트 방어선을 우회하여 네덜란드 방향을 공략하고 독일을 압박한다는 내용이었다. 이미 이전의 노르망디, 팔레즈 포위전 등에서 독일군 정예 병력이 괴멸되었다. 따라서 네덜란드 방향에 남은 독일군 병력은 별 볼 일 없을 것으로 예상되었기에 손쉽게 공격할 수 있다고 판단했다.

연합군은 이 작전을 위해 노르망디 상륙 작전 이후 재정비를 마친 정예 공수부대를 투입하여 네덜란드 지역의 주요 다리 7개를 점거하기로 한다. 동시에 대규모 지상군이 진격하여 미리 공수부대가 점령한 주요 교량들을 건너 그대로 베를린까지 진격한다는 계획이었다. 연합군 지휘관들은 작전대로 진행되어서 독일 본토로 쳐들어갈 수만 있다면 이 지긋지긋한 전쟁은 겨울이 오기 전에 끝날 것이라고 예상했다. 어떤 지휘관도 작전이 실패할 것을 예상하고 진행하지는 않을 것이다. 하지만 그렇게 될 것이라는 막연한 희망으로 작전을 진행한다면, 어떤 결과를 얻을지는 바로 이 마켓 가든 작전으로 알 수 있다.

마켓 가든 작전Operation Market Garden은 공수부대의 마켓 작전과 지상군의 가든 작전으로 나누어져 있었는데, 보통 합쳐서 마켓 가든 작전으로 부른다. 마켓 가든 작전은 2차 세계대전 중 한 번에 가장 많은 공수부대인 3개 공수사단이 투입된 작전이었다.

연합군은 사흘 이내로 목표였던 라인강 지역의 다리들을 모두 확보한 후 돌파하는 계획을 세웠다. 공수부대가 투입될 지역에 독일군 기갑 전력이 없다고 확신했다. 작전 이전에 네덜란드의 레지

마켓 가든 작전 병력

- 미국 제101 공수사단 ⇨ 에인트호번 투입
- 미국 제82 공수사단 ⇨ 네이메헌 투입
- 영국 제1 공수사단 ⇨ 아른험 투입
- 자유 폴란드 공수여단 ⇨ 지원 부대
- 미국 제2 기갑사단 ⇨ 지상 병력
- 미국 제30 보병사단 ⇨ 지상 병력
- 영국 제30 군단 ⇨ 지상 병력
- 영국 제8 군단 ⇨ 지상 병력

스탕스들이 독일군 기갑부대의 존재에 대해 수차례 경고했지만 연합군 사령부는 귀담아듣지 않았다. 전장에서 정보 하나하나가 얼마나 중요한지 알 수 있는 대표적인 사례이기도 한데, 이 작은 정보를 무시한 연합군 지휘부는 빈약한 무장의 공수부대를 적 후방에 투입했다가 큰 대가를 치르게 된다.

하지만 불행하게도 연합군이 노렸던 지역들에는 다수의 독일군 기갑부대가 주둔하고 있었다. 이들은 정예부대는 아니었지만, 총통의 소방수, 방어전의 사자 등의 별명으로 불리는 방어전의 귀재인 독일군의 발터 모델Walter Model 원수가 지키고 있었다. 그는 이미 네덜란드 방면의 연합군 공세를 예측하고 사령부까지 아른험 근교로 옮겨 놓은 상태였지만, 연합군은 이 사실을 전혀 몰랐다.

◈ 진격, 아른험으로

9월 17일 일요일 아침 드디어 회심의 마켓 가든 작전이 시작되었다. 당연히 연합군의 사기는 하늘을 찔렀다. 3개의 공수사단을 포함하여 약 3만 5천의 대병력에 지프와 차량 5백여 대를 적재한 대규모 수송기와 글라이더가 영국 각지에서 이륙해 하늘을 새까맣게 뒤덮었다. 오후에는 벨기에에서 대기하던 가든 작전의 주인공 영국 제30 군단도 아른험Arnhem을 향해 진격을 개시했다.

하지만 공중에서 투하된 공수부대의 시작은 그다지 좋지 못했다. 가장 먼저 에인트호번에 무사히 강하한 미군 제101 공수사단은 목표였던 1개의 교량은 성공적으로 확보하였지만, 다른 교량은 독일군이 먼저 폭파하는 바람에 확보에 실패하고 만다. 네이메헌에 강하한 미군 제82 공수사단도 1개의 교량을 제외하고는 목표였던 다른 교량 확보에는 실패했다.

하지만 최악의 상황을 겪고 있는 것은 아른험에 강하한 로이 어커트 소장이 지휘하는 영국 제1 공수사단이었다. 사단 본대는 목표였던 아른험에서 12km나 떨어진 곳에 잘못 강하하는 바람에 시간이 지체되었고, 사단 본대를 수송하기로 한 지프대대가 착륙 지점에서 독일군에게 전멸당하는 바람에 도보로 이동하며 시간이 지체되었다. 설상가상으로 예상치 못한 독일군의 반격으로 본대는 아른험 외곽의 오스테르베이크에 고립되고 만다.

다행히 존 프로스트John Frost 중령이 지휘하는 제2 대대가 아른험 대교의 북쪽 입구를 장악하면서 독일군의 추가 병력 투입을 저지하는 데 성공했지만, 제2 대대는 사단 주력과 연락이 끊긴 채 고립되고 말았다. 아른험 주변에 주둔하던 독일군 제9 SS 기갑사단과 제10 SS 기갑사단은 프랑스에서 연합군에게 하도 두들겨 맞아서 기갑사단이라고 부르기 민망할 정도의 전력이었다. 하지만 경무장의 영국군 공수부대에게는 이마저도 상대하기에는 버거운 전력이었다. 경무장만 한 채 적 후방에 빠르게 투입되는 공수부대의 특성상 대전차 무기가 부족했을 뿐더러 생각지도 못한 기갑부대가 나타나자 영국군은 당황할 수밖에 없었다.

한편 육로로 진격 중이던 영국 제30 군단도 상황은 좋지 않았다. 계획대로라면 첫날 미군 제101 공수사단이 점령한 에인트호번에 도착해야 했지만, 도로 중간중간에 매복한 독일군 대전차포들 때문에 예정보다 늦은 9월 18일이 되어서야 도착했다. 아른험까지 갈 수 있는 도로가 하나밖에 없었는데, 도로 주변에 엄폐물도 제대로 없었기에 제30 군단은 독일군의 공격을 직접 받으면서 전진해야만 했다. 선두가 공격당하면 따라오던 후속 부대는 이유도 모른 채 길에 서서 무작정 기다리기만 했다. 이런 지지부진한 진격을 하는 동안 아른험에 투입되었던 공수부대들은 계속해서 죽어 나가고 있었다. 영국 제30 군단은 9월 19일이 되어서야 네이메헌에 도착했지만, 여전히 독일군이 네이메헌 대교를 점령하고 있었기에 아른험으로 전진하기 힘들었다.

◈ 머나먼 다리, 아른험 대교

그 시각 아른험의 영국군 제1 공수사단은 자신들을 구출해 줄 영국 제30 군단을 목이 빠지도록 기다리며 버티고 있었다. 여기저기 병력이 흩어진 제1 공수사단의 주력부대는 아른험 시내 곳곳에서 적과 교전 중이었고, 프로스트 중령의 제2 대대 역시 독일군 기갑부대와 아른험 다리를 사이에 두고 치열하게 교전 중이었다.

9월 20일 네이메헌의 미군 제82 공수사단이 긴급 공수된 26척의 보트를 이용하여 강 반대쪽으로 상륙해서 결국 교량을 탈취하였다. 하지만 도하 과정에서 독일군의 맹렬한 반격에 엄청난 사상자를 내고 말았다. 거기다 독일군이 제30 군단 보병부대를 네이메헌 시가지에서 묶어 두는 바람에 이미 다리를 건넌 선두의 기갑부대는 아른험까지 단독으로 진격하지 못하고 발만 동동 구르고 있었다. 제30 군단의 병력은 피 흘리며 사투 중인 아른험의 아군을 구하기 위해서 한시라도 빨리 진격하고 싶었지만, 보병의 지원 없이 전차부대만으로 진격하는 것은 자살행위나 다름없었기에 어찌할 방법이 없었다. 9월 20일 저녁 결국 아른험 다리 입구를 지키던 프로스트 중령의 병력 745명은 압도적인 병력을 보유한 독일군 기갑사단과 치열하게 싸웠지만, 대부분의 전투 병력이 전멸하며 다리를 뺏기고 말았다.

이때부터 마켓 가든 작전은 실패한 것이나 마찬가지였다. 육군 병력은 최종 목표였던 아른험까지는 도착도 못했고 아른험에 포위된 공수사단 병력을 빼내 오는 것이 급선무였다. 이런 절망적인 상황에서 연합군은 아른험에 고립된 영국군 제1 공수사단을 지원하기 위해 최후의 카드로 소사보우스키Stanisław Sosabowski 장군의 자유 폴란드 공수여단 천여 명을 급히 투입하지만, 전세를 뒤집을 수는 없었다. 폴란드군은 아른험에서 용감하게 싸웠지만, 독일군에게 포위되어 병력의 60%가 희생되고 말았다. 참고로 소사보우스키 장군은 처음부터 마켓 가든 작전을 무모한 작전이라며 반대했던 인물이었으며 나중에 마켓 가든 작전 실패의 책임을 떠안게 되는 비운의 장군이기도 하다.

9월 25일 결국 지지부진하던 연합군은 현실을 받아들이고 작전을 중지했다. 꾸역꾸역 전진하던 제30 군단은 아른헴을 겨우 몇 km 앞두고 멈추었고, 영국군 공수부대와 폴란드군 공수부대의 얼마 남지 않은 잔존 병력 역시 겨우 도망쳐 나온다. 이로써 길고 길었던 마켓 가든 작전은 끝이 났다.

◈ 마켓 가든 작전, 그 이후

작전이 끝난 후 몽고메리 원수는 '80% 이상의 목적을 달성하였다.'라고 당당하게 발표했다. 하지만 실제로는 전략적 목표를 하나도 달성하지 못한 실패한 작전이다. 오히려 큰 소득 없이 연합군의 병력만 희생되었다. 정예 병력인 공수부대 병력을 포함한 연합군 병사 1만 7천여 명이 전사하거나 부상당했다. 특히 영국군 제1 공수사단 같은 경우는 1만 명이 넘는 투입 병력 중 약 2천여 명만 탈출했고, 나머지는 전사하거나 포로로 잡혀서 사실상 사단이 해체되고 말았다. 미국 역시 2개 공수사단 병력이 적잖이 희생당했다. 몽고메리 원수가 계획한 마켓 가든 작전은 노르망디 상륙 작전 이후 승기를 잡아가던 연합군에게 찬물을 끼얹는 뼈아픈 패배였다. 결국 승승장구하며 전진하던 연합군은 마켓 가든 작전의 실패로 멈춰 버렸다. 전쟁을 빨리 끝내려던 조급함이 오히려 전쟁을 더 길게 끌고 가 버린 것이다.

2차 세계대전에서 유명한 장군 중 가장 과대평가된 인물은 버나드 몽고메리 장군이다. 고집이 세고 괴팍했던 그는 마켓 가든 작전의 실패를 부하들과 폴란드 공수여단의 소사보우스키 장군에게 떠넘기는 믿지 못할 짓을 저지르기도 했다. 명장이라는 미국의 패튼 장군이나 맥아더 장군 등도 고집불통 꼴통이라고 욕을 먹기도 하지만, 적어도 부하에게 책임을 떠넘기는 짓을 하지는 않았다. 무능력하고 열심히 싸우지 않았다는 불명예를 뒤집어쓴 소사보우스키 장군은 좌천되며 여생을 불행하게 살았고, 몽고메리 장군은 아무 일 없다는 듯이 남은 평생을 떵떵거리며 살았다. 군인이라면 명예를 중요하게 여기고 부하들을 아껴야 하지만, 그런 면에서 몽고메리 장군은 확실히 명장의 반열에 오르긴 힘든 인물인 듯하다.

이후 마켓 가든 작전은 1977년 영화 〈머나먼 다리〉로 만들어졌다. 특히 독일군 기갑부대와 처절하게 싸우는 프로스트 중령 역을 맡은 배우 안소니 홉킨스의 연기가 돋보인다. 당시 아른험에서 끝까지 싸운 존 프로스트 중령을 기리며 아른험 대교의 이름은 '존 프로스트 다리John Frost Bridge'라고 재명명되었다.

1944.6.6.
노르망디 상륙 작전

1944.6.13.
빌레르 보카주 전투

빌레르 보카주 전투

악마를 보았다

만화나 영화를 보면 주인공 1명이 수많은 적을 상대로 일당백의 실력을 발휘하며 이기는 장면들이 있다. 말 그대로 만화나 영화에나 나오는 장면들이다. 그런데 이 만화 같은 일이 실제로 일어난 전설적인 전투가 있다. 바로 제2차 세계대전 당시 프랑스의 '빌레르 보카주Villers-Bocage'라는 작은 마을에서 벌어진 전투인데, 이 전설의 주인공은 독일군 '미하일 비트만Michael Wittman'이다.

✦ 빌레르 보카주의 전설

2차 세계대전 중인 1944년 6월 6일 연합군은 무려 15만 명의 병력을 동원해 프랑스의 노르망디에 상륙 작전을 성공시키며 승기를 잡는다. 노르망디 상륙 작전이 성공한 지 일주일 후 연합군은 프랑스에 있던 독일군 주력을 포위하기 위해 크게 우회하여 포위 망을 형성하려고 계획하고 있었다.

북아프리카에서 독일의 로멜 장군과의 대결로 명성을 떨쳤던 영국군 제7 기갑사단은 미군 제1 보병사단과 제2 보병사단의 지원 아래, 상륙 해안에서 비교적 가깝고 주변에 비행장까지 있는 요충 지인 '캉Caen' 쪽으로 진격하기 시작했다.

6월 13일 오전 8시경 진격의 선봉인 영국군 제22 기갑여단은 독일군의 후방 지역인 빌레르 보카주 마을 외곽으로 진입하며 정찰을 시작했다. 다행히 독일군의 징후는 특별히 발견되지 않았지만 여전히 긴장감을 유지하고 있었다. 그러나 막상 빌레르 보카주 시내로 진입하자 마을 주민들이 나와서 열렬히 환영하였다. 오랜만에 이런 주민들의 따뜻한 환대를 받은 영국군은 방심하기 시작했다.

수많은 마을 주민이 나와서 해방군처럼 환영을 해 주니 영국군들은 긴장이 풀릴만 했다. 마을 주민들의 기분 좋은 환영 인사를 받은 영국군은 먼저 3개 중대를 요충지인 마을 외곽의 도로 교차점인 '213 지점'으로 느긋하게 전진시켰다. 남은 2개 중대는 시내에서 경계를 펼치며 후속 부대를 기다렸다.

하지만 이 모든 것을 주의 깊게 지켜보던 이가 있었다. 빌레르 보카주 마을 외곽에는 독일군 제101 SS 중전차대대 제2 중대가 전날 밤에 도착해 있었다. 영국군에게는 불행하게도 독일군 전차 에이스 중 한 사람인 미하일 비트만 중위와 그가 지휘하는 티거Tiger 전차 6대가 기다리고 있었다. 연합군에게 제공권을 빼앗긴 상태였기 때문에 독일군 전차들은 밤에만 이동했고, 연합군의 정찰기들은 이들을 발견하지 못했다.

◈ 미하일 비트만과 티거 전차

독일군의 전차 에이스 미하일 비트만은 1944년 8월 9일에 전사할 때까지 전차 138대, 대전차포 132문 격파라는 경이로운 기록을 달성했고, 빌레르 보카주 전투에서 전설을 만들었다.

히틀러의 '무장 친위대 SS'였던 그는 빌레르 보카주 전투 이전에 이미 소련과의 독소 전쟁에서 백 대의 전차를 격파한 에이스 중의 에이스였다. 독소 전쟁 중 전차장으로서 엄청난 기량을 뽐낸 미하일 비트만은 이후 프랑스에 머무르고 있었는데, 마침 노르망디 상륙 작전이 시작되며 빌레르 보카주로 이동하게 되었다.

미하일 비트만이 탔던 티거 6호 전차는 2차 세계대전에서 독일군의 상징과도 같은 전차로 영화에서도 자주 등장한다. 〈라이언 일병 구하기〉, 〈퓨리〉에서 묘사되었듯 티거 전차는 연합군에게 공포 그 자체였을 정도로 압도적인 성능을 자랑했다.

두터운 장갑과 강력한 주포를 가진 티거 전차는 1,000m 이상의 장거리 전차전에서는 연합군 전차들을 일방적으로 학살했다. 연합군 주력 전차인 미국의 셔먼 전차는 800m 안쪽으로 파고들어야 겨우 승산이 있을 정도였다. 거기다 티거는 중전차치고는 기동력도 나쁘지 않아서 약점이 거의 없었다. 미군 전차부대의 경우 티거를 상대할 때 최소한 5대 1 이상의 수적 우세를 확보하지 못하면 교전을 회피하라는 지시가 내려졌을 정도로 연합군 전차병들에게는 악마 같은 존재였다. 미하일 비트만이라는 천재에게 이런 티거 전차를 쥐어 줬으니 완전히 날개를 달아 준 셈이었다.

🌀 전설의 시작

이제 프랑스의 한적한 시골 마을 빌레르 보카주에서 전설이 시작되려 하고 있었다. 느긋하게 213 지점에 도착한 영국군은 경계 또한 느슨하게 펼쳤다. 그 덕분에 그들보다 먼저 도착해 숲에 숨어 있던 미하일 비트만의 부대를 발견하지 못했고, 이는 아주 치명적인 실수가 되었다. 바로 이 순간, 전투의 승패가 나뉘었고 미하일 비트만이라는 전쟁 영웅의 신화가 탄생했다.

213 지점 뒤로는 영국군 선두 부대의 기갑차량들이 길가에 길게 늘어서 있었다. 그러나 실상 여기에 있던 영국군의 크롬웰 전차, 스튜어트 경전차, 셔먼 전차, 그 외 각종 장갑차는 어차피 티거 전차의 상대가 되지 않는 먹잇감일 뿐이었다.

미하일 비트만의 전차부대는 매복한 채로 영국군의 움직임을 지켜보며 기회를 노리고 있었다. 오전 9시경, 영국군 병사 1명이 무엇인가를 발견하고 비명을 질렀다.

"맙소사, 어서 움직여! 50야드 떨어진 곳에서 티거 전차가 달려 오고 있어!"

그는 자신들 쪽으로 돌격해 오는 티거 전차를 발견하고 절규했다. 미하일 비트만은 순식간에 213 지점 최후방에 있는 영국군의 크롬웰 전차를 날려 버렸다. 크롬웰 전차는 무엇에 당한지도 모르고 박살이 났다. 이어서 셔먼 파이어플라이 전차 1대와 크롬웰 전차 1대를 추가로 박살 낸 미하일 비트만은 예하 전차 2대는 매복시키고 홀로 213 지점 아래쪽의 영국군 대열로 돌진했다.

이후부터는 미하일 비트만의 독무대였다. 도로 위에 전개해 있던 경장갑의 영국군 기갑부대는 미하일 비트만의 티거 전차 1대에 일방적으로 사냥당하기 시작했다. 길을 따라 서 있던 영국군 라이플연대는 갑자기 나타난 티거 전차에 대전차포로 응전했으나 계속해서 티거 전차가 다가오자 패닉에 빠져 도망쳤다. 그들의 화력으로는 도저히 티거 전차를 막을 수가 없었다. 이후 미하일 비트만은 추가로 정찰대대의 스튜어트 경전차 3대를 격파하고 장갑트럭 9대, 병력수송차 6대, 대전차포 2문까지 날려 버리며 영국군 대열을 완전히 초토화시켜 버렸다.

하지만 미하일 비트만의 욕심은 여기서 끝나지 않았고 아예 영국군이 주둔하고 있던 빌레르 보카주 시내로 돌진했다. 갑자기 나타난 티거 전차에 영국군은 혼란에 빠져 우왕좌왕했다. 미하일 비트만은 시내 입구에서 경계를 서던 크롬웰 전차소대를 만났지만 가볍게 3대를 격파하고 계속 시내로 돌진했다. 이후 셔먼 전차와 장갑차, 반궤도 장갑트럭 등을 끊임없이 격파하며 영국군 진영을 쑥대밭으로 만들어 놓았다. 실컷 두들겨 맞은 영국군도 그제야 정신을 차리고 대전차포와 나머지 전차로 반격을 준비했다.

마을을 실컷 휘저어 놓은 미하일 비트만은 마을 밖으로 빠져나가려 했지만, 마을 입구에는 정신을 차린 영국군 대전포가 매복하고 있었다. 결국 궤도를 명중당해 비트만의 티거 전차는 주저앉지만 비트만과 승무원들은 무사히 탈출한다. 이후 추가로 투입된 독일군과 영국군 간의 치열한 전투가 저녁때까지 이어졌지만 영국군은 큰 피해를 보고 빌레르 보카주에서 후퇴하고 만다.

◈ 미하일 비트만의 최후

미하일 비트만은 티거 전차 1대로 영국군 제22 기갑여단과 전투를 벌여 약 25대의 기갑차량을 격파했다. 영국 제7 기갑사단의 선봉을 꺾은 미하일 비트만 덕에 노르망디 상륙 작전 이후 파죽지세로 밀고 들어오던 영국군의 우회를 잠시나마 저지할 수 있었다.

이 만화 같은 이야기는 당연히 미하일 비트만이라는 걸출한 인물이 있기에 가능했다. 그는 이 전투로 히틀러에게 직접 훈장을 받고 대위로 진급했다. 한 인물이 전쟁의 결과를 완전히 바꾸는 일은 현실적으로 힘든 일이지만, 미하일 비트만은 너무나 비현실적인 활약을 했기에 지금까지도 끊임없이 회자되고 있다.

빌레르 보카주 전투가 끝나고 두 달 후인 1944년 8월 8일 독일의 전쟁 영웅이었던 그도 최후를 맞게 된다. 전투 중 티거 전차가 격파되면서 승무원 전원이 전사했는데, 그중에는 미하일 비트만도 있었다. 미하일 비트만은 오토 카리우스, 쿠르트 크니스펠과 함께 독일군 3대 전차장 에이스 중 한 명이다. 하지만 그가 악명 높은 나치의 무장 친위대 SS 소속이었다는 점 때문에 현재 독일 정부는 그의 공적과 존재를 부정하고 있다. 독일은 2차 세계대전 당시 아무리 큰 활약을 했다 하더라도 나치의 무장 친위대 소속 군인들의 공적은 일체 인정하지 않으며 대우해 주지도 않는다. 이런 점이 야스쿠니 신사에 전범들을 모아 놓고 때만 되면 참배하는 일본과 다른 점이라고 할 수 있다. 과거를 인정하고 철저히 반성했기에 지금의 독일이 될 수 있지 않았을까?

인디애나폴리스호 침몰 사건

식인 상어와의 전쟁

　제2차 세계대전 종전 한 달여를 남겨둔 1945년 7월 16일 미 해군의 중순양함 인디애나폴리스가 극비 임무를 받아 샌프란시스코에서 출발했다. 목적지는 사이판섬 옆의 '티니안섬'이었다. 인디애나폴리스호의 극비 임무는 바로 히로시마에 떨어뜨릴 핵폭탄 '리틀 보이'에 장착될 고농축 우라늄을 운송하는 것이었다. 이때 이들이 운송한 우라늄은 2발의 핵폭탄이 되어 히로시마와 나가사키에 떨어졌고, 이는 2차 세계대전을 빨리 끝내는 결정적인 계기가 되었다. 만약 핵폭탄 투하 대신 연합군이 일본 본토에 상륙하는 작전을 강행했더라면 연합군도 엄청난 희생자가 나왔을 것이다.

⊕ 격침된 인디애나폴리스호

샌프란시스코를 출발한 인디애나폴리스호는 함장 찰스 맥베이 3세Charles B. McVay III를 포함하여 1,196명의 승조원이 탑승해 있었다. 인디애나폴리스호는 강력한 화력의 대형 전투함이지만, 대잠수함 장비가 없었기 때문에 구축함 등의 호위가 필요했다. 이를 알고 있던 맥베이 대령은 작전에 대잠 호위함을 붙여 달라고 여러 번 요청했다. 하지만 지휘부에서는 이를 묵살하고 극비 작전임을 강조하며 단독 작전을 명령했다.

티니안섬에 무사히 도착해서 성공적으로 임무를 완수한 인디애나폴리스호는 다음 임무를 위해 필리핀의 레이테섬으로 이동했다. 하지만 이때도 맥베이 함장의 요청이 거절당해 대잠 호위함 없이 단독으로 이동해야만 했다. 전쟁은 끝나가는 분위기였고 들떠 있던 인디애나폴리스호의 승조원들은 이번이 마지막 임무가 되기만을 바랐다.

7월 30일 새벽 일본군 잠수함 I-58은 팔라우섬에서 북쪽으로 400km 떨어진 곳에서 남쪽으로 이동하고 있었다. 얼마 후 항해사인 다나카 중위는 12노트 정도의 속도로 이동하는 적함을 발견했고, 함장인 하시모토 모치츠라 중좌는 주저 없이 어뢰 6발을 발사했다. 이미 전쟁은 패배한 것이나 마찬가지였고 일본 해군도 거의 전멸한 상태였지만, 하시모토 모치츠라 함장은 마지막까지 자신의 의무를 잊지 않았다. 그는 인디애나폴리스호의 임무가 무엇인지도 몰랐으며 그저 우연히 얻어걸린 일이었다.

유유히 항해하던 인디애나폴리스호에 2발의 어뢰가 명중했고 이 거대한 중순양함이 침몰하기까지는 겨우 12분밖에 걸리지 않았다. 인디애나폴리스호가 피격되자 맥베이 함장은 즉시 구조 신호를 보내고 퇴함 명령을 내렸다. 비록 3백여 명의 승조원이 전사했지만, 9백여 명의 승조원은 탈출에 성공했다.

✪ 상어와의 전쟁

하지만 인디애나폴리스호의 진짜 불행은 이때부터였다. 불운하게도 여러 가지 악재가 겹치며 인디애나폴리스호의 승조원들은 허무하게 희생당하고 만다. 구조 신호를 보낸 직후 바로 구조됐다면 9백여 명의 승조원 대부분은 살 수 있었다. 그런데 이상하게도 구조대는 오지 않았다. 이들이 구조된 것은 나흘이나 지난 8월 2일이었다. 구조될 당시 최종 생존자는 316명으로 줄어 있었다. 무려 6백여 명의 승조원이 망망대해의 바다 위에서 허무한 죽음을 당한 것이었다.

나흘간 뜨거운 태양 빛 아래 바다에 떠 있는 동안 식수나 의약품은 턱없이 부족했다. 구명보트와 부유물에 매달려 있던 승조원들은 저체온증과 탈수 등으로 하나둘 죽어 나갔다. 더군다나 이 지역은 상어 출몰 지역이었다. 시체와 부상자들의 피 냄새가 진동하자 사방에서 상어 떼가 몰려들기 시작했다.

처음에는 상어들이 바다 위에 떠다니는 시체들만 끌고 갔지만 시체들을 다 먹어 치우고 나자 출혈이 있는 부상자들을 공격하기 시작했다. 동료들이 하나둘 비명과 함께 바닷속으로 끌려 들어가자 생존자들은 극도의 공포감에 휩싸였고, 어떤 승조원들은 스스로 목숨을 끊기도 했다. 9백여 명의 생존자는 어떤 저항도 하지 못한 채 바다 위에서 무력하게 죽어 갔다.

인디애나폴리스호의 구조 신호를 적어도 세 곳의 수신소에서 감지하였지만, 어이없게도 세 곳 모두 아무 행동도 취하지 않았다. 한 곳의 담당자는 술에 취해 있었고, 다른 곳의 담당자는 카드놀이를 하느라 보고를 무시했다. 또 다른 곳의 담당자는 이 신호가 일본의 함정이라고 생각해서 아무 행동도 취하지 않았다. 심지어 목적지인 레이테섬에 인디애나폴리스호가 도착하지 않았는데도 신경 쓰는 이가 아무도 없었다. 그 누구도 전쟁 막판 승리에 도취하여 아군의 함선이 격침될 것이라고는 생각하지 못한 것이다.

◈ 희생양이 되어 버린 맥베이 함장

8월 2일 순찰 비행을 하던 미 해군 비행정에 의해 바다 위에 떠 있던 생존자들이 발견됐고, 이틀에 걸쳐 이들의 구조 작업이 진행됐다. 밤새 구조 작업을 하는 동안에도 상어들은 생존자들을 계속해서 공격했고, 결국 승조원 중 3백여 명만이 이 비극에서 살아남았다.

다 이긴 전쟁 막바지에 벌어진 이 황당한 대참사에 언론은 난리가 났고, 당황한 해군은 책임을 떠넘길 희생양을 찾기 시작했다. 불행하게도 그 희생양은 맥베이 함장이었다. 그는 군사재판에 회부되었다. 죄목은 적의 어뢰 공격에 대비해 지그재그 기동을 하지 않았다는 것과 구조 신호를 보내지 않았다는 것이었다. 미 해군 지휘부는 맥베이 함장의 호위 구축함 요구를 여러 번 묵살했다. 심지어 멕베이 함장은 인디애나폴리스호가 피격되자마자 구조 신호를 보냈으나 이 또한 조난 신호를 받은 수신소에서 무시한 것이었다. 하지만 이미 미 해군은 맥베이 함장을 희생양으로 삼기로 했기에 어떤 이유도 먹혀들지 않았다.

전쟁 후 일본 잠수함 I-58의 함장인 하시모토 모치츠라 역시 그 상황에서는 인디애나폴리스호가 어떤 기동을 해도 격침할 수 있는 상황이었다고 증언했지만 모두 무시되었다. 맥베이 함장은 2차 세계대전을 통틀어 지휘하던 배가 침몰했다는 이유로 군사재판에 회부된 유일한 함장이었다. 이후 맥베이 함장은 사면되어 현역으로 돌아와 1949년에 소장으로 예편한다. 하지만 유족들로부터 살인마라는 비난을 받으며 남은 평생을 대인기피증에 시달렸고, 죄책감에 힘들어했다. 맥베이 함장은 결국 1968년 11월 6일 70세의 나이에 권총으로 자살하고 만다. 그의 손에는 어릴 적 아버지로부터 선물 받은 행운의 부적인 장난감 선원이 들려 있었다.

◎ 12살 소년이 밝혀낸 진실

이렇게 불행하게 묻힐 뻔했던 인디애나폴리스호의 진실은 50여 년이 지난 1998년 '헌터 스콧'이라는 12살 소년에 의해 세상에 알려지게 된다. 스티븐 스필버그 감독의 〈죠스〉를 좋아하던 헌터 스콧은 방학 과제 주제로 인디애나폴리스호의 이야기를 선택했다. 그리고 그는 인디애나폴리스호의 생존자 150여 명을 직접 인터뷰하며 자료를 모으기 시작했다. 이 과정에서 어린 소년은 맥베이 함장의 억울함을 알게 되었다. 그리고 그의 억울함을 풀기 위해 명예 회복 운동을 시작했다. 헌터 스콧이 시작한 명예 회복 운동이 언론을 통해 이슈화되고 미국 의회에서도 관심을 가질 무렵이었다. 결정적으로 인디애나폴리스호를 격침한 일본 잠수함 함장 하시모토 모치츠라가 맥베이 함장의 억울함을 주장하는 편지를 미국 의회에 보내왔다. 때마침 전쟁 중 문서들의 보안이 해제되면서 맥베이 함장이 구조 신호를 보냈지만 수신소에서 무시했다는 사실이 밝혀졌다. 인디애나폴리스호 침몰 사건 청문회에서 맥베이 함장의 결백을 주장하는 생존 승조원들의 증언도 있었다. 결국 2000년 당시 빌 클린턴 미국 대통령에 의해 맥베이 함장은 복권되었고 그의 명예도 극적으로 회복되었다.

전쟁이라는 거대한 운명 앞에서 억울하게 죽어간 사람이 맥베이 함장 한 명은 아니었을 것이다. 패전의 멍에와 수백 명의 부하까지 잃어버린 죄책감으로 평생을 살다가 자살한 맥베이 함장의 억울함과 고통은 상상할 수도 없을 정도이다. 조직의 안위를 위해

서 희생된 그의 명예가 극적으로 복권되어 다행이지만 너무 많은
희생을 치른 후였기에 안타까울 뿐이다.

> "저는 다시 그런 상황이 와도 그의 밑에서 일하는 것을 주저하
> 지 않을 것입니다. 해군이 그에게 내린 처사는 용서할 수 없고
> 부끄러운 일입니다."
>
> I would not have hesitated to serve under him again. His treatment
> by the Navy was unforgivable and shameful.
>
> — 인디애나폴리스호의 생존자 플로리안 스탬

그리고 2017년 8월, 마이크로소프트의 공동 창업자인 폴 앨런
이 이끄는 해저탐사 팀이 태평양 해저 5,500m 아래에 가라앉아
있던 인디애나폴리스호를 72년 만에 발견했다.

SPECIAL

리틀 빅혼 전투 1876. 6. 25.
─ 아메리카 원주민 비극의 시작

세계 초강대국인 미국, 이 거대한 아메리카 대륙에는 현재 주인인 미국인들 이전에 유럽인들이 있었다. 그리고 그 이전에는 우리가 흔히 '인디언'이라 부르는 아메리카 원주민들이 있었다. 아메리카 대륙이 발견되자 유럽 각국에서는 이 신대륙을 삼키기 위해 달려들었고 결국 영국의 식민지가 된다. 하지만 영국은 이 신대륙의 영원한 주인이 될 수는 없었다. 식민지 정착민인 미국인이 늘어나면서 통치하던 영국과 마찰이 일어나기 시작했다. 그 결과 1775년 영국과 독립 전쟁이 벌어졌다.

미국은 원주민인 인디언들의 도움을 받아 영국으로부터 독립을 쟁취했다. 그러나 이제 대륙의 주인이 된 미국인들은 대륙팽창 정책의 걸림돌이 되는 아메리카 원주민들을 무자비하게 몰아내면서 서부로 전진하였다. 아메리카 원주민들은 조상 대대로 평화롭게 살아오던 땅에서 하루아침에 이유도 모른 채 쫓겨나게 되었다. 미국인들이 자랑하는 '개척 정신Frontier Mind'은 아메리카 원주민들의 처참한 멸망의 역사를 미화한 것으로, 결코 자랑스러운 역사가 아니다.

백인은 계속해서 개척 정신을 발휘했고 아메리카 원주민은 미주리강 유역의 다코타 지역까지 쫓겨났다. 더 이상 물러날 곳이 없던 아메리카 원주민과 백인의 충돌이 잦아졌고, 미국 정부는 아메리카 원주민들과 '라라미 요새 조약Fort Laramie'을 체결한다. 이 조약의 내용은 다코타 지역 원주민이 말썽을 부리지 않으면, 그들의 성지인 '검은 언덕Black Hills' 일대를 소유지로 지정해 자유롭게 살게 해 주겠다는 약속이었다.

하지만 이 약속은 오래가지 않았다. 1849년 이곳에서 금광이 발견되자 탐욕스러운 백인들이 몰려들기 시작했다. 오히려 미국 정부는 백인들을 보호하기 위해 조약을 깨고 군대를 파견했다. 미국 정부가 약속을 어기고 자신들을 공격해 오자 다코타 원주민들도 더 이상 참지 않고 항전을 준비했다. 미국 정부는 이번 기회에 지역 원주민들을 쓸어버리기로 하고 세 면에서 포위 공격하는 작전을 세웠다.

리틀 빅혼 강 쪽에서 이동하던 조지 암스트롱 커스터George

Armstrong Custer 중령의 제7 기병연대는 정찰 중에 대규모 수족Sioux 族과 샤이엔족Cheyenne族 캠프를 발견한다. 그리고 계획에 없던 기습 공격을 하기로 마음먹고 연대를 3개로 나누었다.

먼저 리노 소령은 남쪽에서 진격하던 수족의 시팅 불Sitting Bull 추장이 이끌던 캠프를 발견했고, 2백여 명의 3개 중대 병력이 여자와 아이들에게도 무차별적으로 공격을 가했다. 하지만 자신들보다 훨씬 많은 원주민 병력에 박살이 나면서 부랴부랴 강 쪽으로 도망가기 시작했다. 불행히도 제7 기병연대가 상대하던 원주민들은 부족 연합군으로 시팅 불, 크레이지 호스Crazy Horse 등 가장 용맹한 전사들이 참전하고 있었다.

커스터 중령은 리노 소령의 부대를 도와주려고 했으나 주변 지형을 제대로 몰라 강을 건너지 못하고 있었다. 겨우 강을 건넜을 때는 리노 소령의 부대가 이미 후퇴한 상태였다. 커스터 중령이 이끌던 제7 기병연대의 본대 210명은 이때 협곡에서 대규모 원주민에게 포위당해 1시간여 만에 전멸했다. 210명 중 1명도 살아남지 못했고, 커스터 중령 역시 왼쪽 가슴과 관자놀이에 총을 맞고 전사하였다.

후퇴하던 리노 소령의 부대는 원주민들이 커스터 중령의 본대와 싸우기 위해 돌아가는 바람에 살아남을 수 있었다. 이후 벤틴 대위의 예비대와 합류하여 절벽 꼭대기에 말발굽 형태의 방어진을 치고 침착하게 전투를 지휘하여 하루 동안 원주민들의 공격을 버텼다.

이 리틀 빅혼 전투에서 미군은 650여 명의 병력 중 본대 210명과 리노 소령 휘하의 58명이 전사하였고 60여 명이 부상을 당했다. 원주민 측 피해에 대한 정확한 통계는 없으나 여러 가지 자료를 종합해 보면 최소 36명에서 최대 136명의 전사자가 발생한 것으로 추정된다. 아메리카 원주민들의 압도적인 승리였다.

오만했던 커스터 중령은 상부에서 추가 병력을 투입시키겠다고 제의했지만, 자신의 제7 기병연대만으로 충분하다고 생각하여 거절하였다. 게다가 행군 속도가 느려져 작전 수행에 지장이 생길 것을 우려한 커스터 중령은 대포와 기관총을 가져가지 않고 기병대만으로 공격할 것을 주장하였다. 심지어 원주민 전사의 수가 훨씬 더 많았지만, 전체 병력을 3개의 소부대로 나누어 공격하기도 했다. 정찰병들이 적의 규모에 대해 충분히 경고했지만 커스터 중령은 이를 듣지 않았다. 또한 미군은 단발식의 스프링필드 M1873 라이플을 사용하였는데, 원주민은 위력과 사거리 그리고 명중률에서는 열세였지만, 연사 속도가 빠른 헨리 라이플을 사용하여 근접전을 펼쳤고 승리를 거머쥐었다.

이 전투에서 아메리카 원주민들은 백인들을 상대로 역사상 가장 큰 승리를 거두었지만, 이는 비극의 씨앗이 되고 말았다. 남북전쟁의 영웅인 커스터 중령의 부대가 전멸했다는 소식이 전해지자 백인들은 이것을 야만적인 학살 행위라고 비난하였다. 미국은 엄청난 분노로 들끓었고 곧 반 원주민 정서가 형성되었다. 이후 미군은 오히려 더욱 많은 군대를 동원하여 원주민들을 탄압하였다. 백인들은 원주민들의 주 식량인 버펄로 수백만 마리를 무자비하게 사냥해서 식량까지 떨어지게 되었다. 이후 리틀 빅혼 전투의 영웅이자 원주민의 정신적인 지주인 시팅 불과 크레이지 호스는 부족을 이끌며 끝까지 저항했지만, 결국 비참한 최후를 맞이하였다. 반면 전투에서 패한 커스터 중령과 제7 기병연대는 잔인무도한 원주민들과 용감하게 싸우다가 전사한 영웅으로 떠받들어졌다.

원주민들에게 전멸당했던 제7 기병연대는 이후 아메리카 원주민의 역사 중 가장 큰 비극이라 불리는 '운디드 니 학살 사건 Wounded Knee Massacre'을 저질렀다. 1890년 12월 29일 제7 기병연대는 운디드 니 언덕에서 여자와 어린아이, 노인이 대다수인 수족 원주민 3백여 명을 일방적으로 학살하였다. 이 사건은 백인과 아메리카 원주민 사이의 마지막 충돌이었고, 이후로 아메리카 원주민들의 저항은 사라졌다. 이후 아메리카 원주민들은 조상 대대로 자유롭게 뛰어다니던 드넓은 아메리카 대륙을 미국인에게 모두 빼앗기며 강제 이주되었고, 지금까지도 인디언 보호 구역Indian Reservation에서 갇혀 사는 신세가 되고 말았다.

2부

1950
– 1999

1950.6.25.
한국 전쟁 발발

1950.7.13.
태평리-공주 전투

1950.7.14.
대전 전투

대전 전투

포로가 된 사단장

1950년 한국에서 전쟁이 발발하자 제2차 세계대전 후 일본에서 승리를 즐기며 느긋하게 쉬고 있던 미군 제24 사단이 급파된다. 하지만 이들은 전투 준비가 전혀 되어 있지 않았고, 북한군을 만만하게 여겼던지라 전쟁 초반 북한군에게 굴욕적인 패배를 당하며 하염없이 남쪽으로 밀려난다. 한국에 최초로 상륙한 미군 제24 사단은 예하의 3개 연대가 한국 전쟁 초반에 모두 박살 났는데, 그 정점에 있던 전투가 바로 대전 전투였다.

✦ 북한군의 남하

　6월 25일 전쟁 개시 이후 북한군은 사흘 만에 서울을 점령하고 파죽지세로 남하하기 시작했다. 미군은 급한 대로 일본에 주둔하던 미군 제24 사단 예하의 스미스 특수임무부대를 긴급 투입했지만, 오산 전투에서 하루 만에 와해되고 만다. 이때만 해도 맥아더 장군은 북한군의 전력을 대수롭지 않게 생각하고 있었다. 심지어 2차 세계대전의 승자인 미군들이 나타나기만 하면 북한군은 겁을 먹고 물러날 것이라는 망상을 하고 있었다. 하지만 이후 투입된 제24 사단 제34 연대의 병력도 잘 훈련된 북한군에게 연전연패하며 계속 뒤로 밀려났다.

　7월 8일 천안까지 후퇴한 제34 연대 병력과 북한군의 치열한 시가전이 벌어졌다. 시내까지 난입한 북한군 전차들 때문에 제34 연대 병력은 밀려나기 시작했고, 이에 전날 부임한 연대장인 로버트 마틴 대령이 직접 2.36인치 바주카포를 들고 전투에 뛰어들었다. 하지만 전투 중 적 전차의 포탄에 맞은 마틴 대령은 몸뚱이가 두 동강이 나며 전사했고 연대장을 잃은 제34 연대는 걷잡을 수 없이 무너졌다. 싸움은 리처드 스티븐스 대령이 이끄는 제24 사단 제21 연대가 이어받게 되었다.

　하지만 믿었던 제21 연대 역시 북한군에게 허무하게 무너지고 만다. 특히 제3 대대는 대대장이 전사하고 절반 이상의 병력이 사라졌으며 대부분 장비를 유실할 정도로 피해가 컸다. 단 사흘 간의 전투에서 제21 연대는 5백 명이 넘는 인원 손실이 발생하며 녹아내린다.

◈ 무너진 금강의 방어선

예하의 2개 연대가 무너지자 급해진 제24 사단의 사단장 윌리엄 딘William F. Dean 소장은 대구에 예비로 남겨 두었던 제19 연대를 급하게 호출하고 잔존 병력과 함께 금강에서 방어선을 구축했다. 며칠간의 전투로 너덜너덜해진 제24 사단은 후퇴 과정에서 많은 장비를 유실했고 병사들의 사기도 바닥이었다. 제2차 세계대전을 거치며 세계 최강국으로 떠오르던 미군에게는 당황스러운 일이었다. 특히 아직 완벽하게 전개한 상태가 아닌 미군은 북한군의 T-34 전차를 상대할 무기들이 부족한 상황이었다.

7월 14일부터 계속해서 북한군은 금강 도하를 시도했다. 공주 방면의 얇은 방어선을 뚫고 상륙하여 방심하고 있던 미군의 포병 대대를 일방적으로 학살하며 유성과 논산까지 점령했다. 이 과정에서 제19 연대가 고립되며 5백 명 이상이 전사하거나 실종됐다. 연대장인 가이 멜로이 대령은 중상을 입었고, 연대장 대리였던 제1 대대의 대대장 윈스티드 중령도 전사했다.

제24 사단은 방어선을 구축한 지 나흘 만에 무너지고 예하의 3개 연대 모두 박살 났을 뿐만 아니라 중요한 포병 전력도 잃어버린 최악의 상황이었다. 제24 사단은 이름만 사단이지 1개의 연대 병력 정도만 겨우 유지한 상태였다.

제24 사단의 딘 소장은 적당히 시간을 번 후 대전에서 철수할 계획이었다. 하지만 제8 군의 사령관 월턴 워커Walton Walker 중장은 후속 부대인 미군 제1 기병사단이 전개할 시간을 벌기 위해서 20일까지 대전 사수를 명령한다. 딘 소장은 어쩔 수 없이 이름만 사단인 너덜너덜해진 전력으로 대전을 지켜야 하는 상황이 되고만 것이다.

7월 19일 북한군 야크 전투기의 공습으로 대전 전투가 시작되었다. 야크 전투기들은 철교와 제34 연대 지휘소가 있는 대전 비행장 등을 폭격하였고, 이로 인해 제34 연대 지휘소는 후퇴하였다. 미 공군도 방어에 나서며 적극적으로 북한군을 공격하기 시작했다.

북한군은 대전 시내를 가루로 만들어 버릴 듯이 어마어마한 포격을 가하기 시작했고, 사방으로 포위하며 미군의 퇴로와 우회로를 차단하기 시작했다. 드디어 20일 새벽 북한군 제105 전차여단 소속 T-34 전차들의 공격이 시작됐다. 사방에서 밀려드는 압도적인 북한군의 병력에 미군의 방어선들은 급격하게 무너지고 있었다.

보병을 가득 태운 북한군 전차들이 대전 시내로 밀고 들어오면서 시가전이 벌어졌고 통신마저 두절된 미군들은 극도의 혼란에 빠진다. 대전 시내 여기저기서 난입한 북한군 병력과 피비린내 나는 전투들이 이어졌다.

이때 딘 소장은 시내에 난입한 적의 전차를 발견하고 직접 전차 사냥을 하는데, 시내에 있던 북한군 전차 1대를 바주카포로 파괴하는 전과를 올리기도 한다. 사단장이 직접 바주카포로 적 전차를 상대할 정도로 전황은 급박했다.

이때까지도 딘 소장은 통신망의 붕괴 때문에 외곽 방어선에 있던 2개 대대가 철수한지 몰랐다. 최고 지휘관이 아군 병력의 전개 상황도 모를 정도로 급박한 상황이었던 것이다. 한편 미군의 철수로인 옥천을 차단하기 위해 우회하던 북한군 병력은 대전 근처로 서서히 접근하며 포위망을 좁히고 있었다. 하지만 딘 소장과 지휘부는 이런 사태의 심각성을 전혀 모르고 있었다.

◈ 포로가 된 사단장

7월 20일 오후 6시경 미군 제24 사단은 설명이 안 되는 수많은 삽질 끝에 대전에서 무질서하게 철수를 시작했다. 하지만 이미 시내에 들어왔던 많은 북한군 병력이 곳곳에서 철수 대열을 집요하게 공격했다. 이미 지휘체계가 무너져 버린 미군들은 손쉬운 먹잇감이었다.

철수 그룹의 선두였던 제34 연대 부연대장 로버트 워링턴 중령은 북한군의 공격을 받았으나 구사일생으로 보문산으로 도망쳤다. 다른 철수 병력의 상황도 최악이었다. 사방에서 북한군이 공격하자 차량을 버리고 도보로 뿔뿔이 흩어지거나 선두 행렬이 길을 잘못 들어 북한군 점령 지역으로 들어가다 박살 나는 등 말 그대로 아수라장이었다.

특히 세천 터널은 옥천으로 가는 중요한 철수로였는데, 이곳을 지키던 소수의 경전차와 미군들이 북한군에게 전멸하며 세천 터널까지 빼앗기고 말았다. 철수로까지 완벽하게 차단하며 포위망을 완성한 북한군은, 우왕좌왕하는 미군들을 무자비하게 공격했으며 사단장의 지프도 예외는 아니었다. 적의 사격 때문에 길을 잘못 들어간 딘 소장 일행의 지프 2대는 결국 뿔뿔이 흩어져 각자 차를 버리고 산속으로 도망쳤다. 이후 딘 소장은 처참한 몰골로 한 달 여를 필사적으로 도망다니다 전북에서 한 주민의 밀고로 북한군의 포로가 되고 만다. 2차 세계대전의 영웅이자 베테랑이었던 윌리엄 딘 소장은 그렇게 북한군에게 포로가 되는 치욕을 당한다. 그는 휴전 후인 1953년 9월 4일이 되어서야 석방되어 본국으로 돌아갈 수 있었다.

미군의 근대 역사에서 장군이 직접적인 전투 중에 전사하거나 포로가 된 경우는 거의 없다. 그만큼 잘 훈련된 강력한 군대이고 합리적인 판단으로 피해를 최소화하며 싸워 왔다. 그렇기에 한국이라는 이름도 생소한 아시아의 변방에서 세계 최강대국 미국의 지휘관이 전투 중에 포로가 되고 1개 사단이 와해된 사건은 미국에도 큰 충격을 주었다.

미군 제24 사단과 딘 소장은 워커 중장과의 약속대로 20일까지 대전에서 버텼지만, 그 대가로 제24 사단은 만신창이가 되었다. 이후 미 제1 기병사단과 교체된다. 대전에 있던 제24 사단 병력

3,933명 중 1,150여 명의 사상자가 발생했으며 야포와 차량 등의 장비 손실은 물론 사단장 딘 소장을 비롯한 고위 장교들의 피해도 컸다.

비록 대전에서 크게 패하긴 했으나 한국 전쟁 초반 미군 제24 사단의 희생 덕분에 귀중한 시간을 벌 수 있었고, 이 덕분에 미군은 반격의 발판을 마련할 수 있었다. 한국 전쟁 초반 전황은 너무나 급박했고 북한군의 전력을 얕보았던 미국은 큰 대가를 치렀다. 하지만 맥아더 장군을 비롯한 미국의 고위 지휘관들은 이때까지도 상황을 안이하게 판단하고 있었기에 몇 번의 대가를 더 치른 후에야 북한이라는 적을 제대로 보게 된다.

1950.9.15.
인천 상륙 작전

1950.10.25.
운산 전투

1950.11.27.
장진호 전투

운산 전투

아군의 구출을 포기하다

　한국 전쟁이 한창이던 1950년 9월 15일 인천 상륙 작전의 성공 후 서울을 탈환하고 자신만만하게 북진하던 유엔군과 한국군에게는 거칠 것이 없었다. 북한군에게는 기세를 몰아 파죽지세로 올라오는 유엔군을 막을 힘이 없었고, 유엔군은 평양까지 점령하며 쾌속으로 북진했다. 압록강까지 북한을 몰아붙인 미군은 크리스마스 전까지 전쟁을 끝낼 수 있을 것이라는 단꿈을 꾸고 있었다. 하지만 그들이 놓쳤던 하나의 큰 변수가 있었으니 바로 중공의 참전이었다.

⊛ 맥아더 장군의 잘못된 판단

중공은 유엔군이 38선을 넘는 경우 전쟁에 개입하겠다며 큰소리를 쳤다. 하지만 유엔군 사령관이던 맥아더 장군은 중공군이 무리하게 대규모 병력을 참전시키리라고는 생각하지 않았고, 중공의 말을 가볍게 무시해 버렸다. 전쟁 초반에 중공군이 참전했다면 어떻게 됐을지 모르겠지만 이미 유엔군이 승기를 잡은 이상 중공군의 참전은 의미가 없는 상황이라고 판단하였다. 게다가 맥아더 장군은 중공군이 참전해 봤자 그리 걱정할 수준의 병력은 아니리라고 생각했다. 미국의 정보부대는 감청을 통해 중공군의 대규모 이동을 눈치채고 맥아더 장군에게 경고했다. 그러나 오만하게도 맥아더 장군은 중공군이 개입한다면 인류 역사상 최대의 유혈 사태가 벌어질 뿐이라며 코웃음만 쳤다.

하지만 이미 중공군 총사령관 펑더화이彭德懷가 이끄는 26만 명의 대규모 중공군이 김일성의 지원 요청을 받고 은밀하게 압록강을 넘어 평안북도 운산과 영변 일대에 몰래 집결하고 있었다. 중공은 북한이 순조롭게 적화 통일하는 것을 편하게 구경만 하다가 갑자기 북한이 와르르 무너지며 압록강까지 쫓겨나는 것을 보고 불안함을 느낄 수밖에 없었다. 북한이 무너진다면 유엔군과 미군이 중국 국경까지 올라올 것이 뻔했다. 중공군 내부에서는 현대화된 미군과의 전쟁을 걱정하는 시선도 있었으나 승산이 없는 싸움은 아니었다. 만주 지역에 주둔하던 중공군은 국공내전을 거친 실전 경험이 풍부한 정예 병력이었고, 병력의 수도 맥아더가 예상했던 것보다 훨씬 많았다. 중공군은 유엔군의 강력한 항공 전력이 두렵긴 했지만, 북한의 험난한 지형에 자신들의 특기인 매복과 게릴라전을 펼친다면 해 볼 만한 승부라고 여겼다.

⊕ 설마 했던 중공군의 등장

10월 24일 청천강을 건너 운산 우측에 포진해 있던 한국군 제1사단 제15 연대는 야간에 정체불명의 적과 교전이 벌어졌는데, 이때 중공군 포로를 한 명 잡게 된다. 이 포로를 심문한 결과 대규모 중공군이 이미 이 지역에 들어와 있다는 놀라운 사실을 알게 된다. 중공군은 미군의 정찰기를 피해 밤에만 은밀하게 이동하는 방식으로 수만 명의 병력을 운산 지역으로 이동시켰다. 이 일대는 지대가 험하기로 유명한 곳으로 중공군이 은밀하게 매복하기 유리했다.

미국 제8 군 지휘부와 맥아더 장군에게까지 중공군에 관한 보고가 올라갔지만, 이들은 이것을 묵살했다. 미군 지휘부는 그저 소규모의 중공군일 것이라는 큰 오판을 하고, 오히려 계속해서 빨리 전진하라는 명령을 내렸다. 결국 적들의 포위망 깊숙이 들어간 한국군 제1 사단이 중공군의 대규모 병력에 포위되고 압록강의 초산 근처까지 진격했던 한국군 제6 사단도 중공군의 공격에 고전하고 있었다. 하지만 유엔군 사령부는 사태의 심각성을 전혀 인식하지 못하고 있었다. 이때까지도 중공군이 전면 개입했다는 사실을 믿지 않았던 것이다. 전진하던 아군이 주춤하자 미국 제8 군의 사령관 월턴 워커 중장은 후방의 평양에 주둔하던 미군 제1 기병사단의 전진을 명령했다.

10월 30일 미군 제1 기병사단의 선봉인 제8 기병연대가 운산에서 한국군 제12 연대와 임무를 교대함으로써 운산 지역에는 삼탄강을 경계로 좌측에 미군 제8 기병연대가, 우측엔 한국군 제1 사단 제15 연대가 담당하게 되었다.

⊚ 중공군의 파상공세

중공군은 3개 사단의 대병력으로 충분히 포위망을 완성한 후 11월 1일부터 운산 공격을 시작했다. 설마 했던 중공군의 갑작스러운 대규모 공격에 전혀 준비되어 있지 않던 미군들은 순식간에 밀리기 시작했다.

중공군 제115 사단 병력은 먼저 미군 제5 기병연대를 공격해 운산으로 가는 길목을 차단했다. 운산의 미군 제8 기병연대와 한국군 제15 연대는 고립되고 말았다. 공격당한 제5 기병연대 역시 이 길목의 중요성을 알기 때문에 탈환 작전을 펼치지만 실패하고 말았다.

압도적인 적의 공격에 철수 명령이 떨어졌다. 한국군 제15 연대가 마지막에 철수하기로 했지만, 중공군 제117 사단의 집중 공격에 제15 연대는 버티지 못하고 전멸해 버린다. 이미 퇴로까지 차단당한 상태에서 제15 연대마저 무너져 버리자 미군 제8 기병연대의 3개 대대 병력은 이때부터 필사의 탈출을 시작했다. 제3 대대가 후위를 맡은 상태에서 제1·2 대대 병력은 적의 공격을 받으며 차량과 중화기 대부분을 버리고 겨우 탈출에 성공했다. 하지만 후위에 있던 제3 대대는 운이 따르지 않았다.

2일 새벽 제3 대대 본부가 한국군으로 위장한 중공군의 기습을 받고 진지 안으로 침입한 중공군과 백병전까지 벌이며 밤새 치열한 전투를 벌였다. 미군 항공기들의 지원으로 겨우 버티며 방어하고 있었지만 상황은 절망적이었다.

고립된 제3 대대를 구출하기 위해 미군 제5 기병연대 병력이 퇴로를 뚫고자 공격했지만, 오히려 350여 명의 큰 피해만 본 채 작전은 실패하고 만다. 미군 제1 기병사단의 호버트 게이 소장은 결단을 내린다. 구출 작전을 포기하고 제5 기병연대의 철수를 명령한 것이다. 이때까지 미군 역사상 예하부대가 적에게 포위된 것을 알면서도 구출을 포기한 적은 없었다. 이는 미군으로서 정말 치욕적인 일이었다.

2일 오후에 미군 항공기에서 전문을 뿌렸는데 내용은 구출 작전이 실패했으니 각자 알아서 탈출하라는 내용이었다. 생존한 제3 대대 병력에게는 사형선고나 다름없었다. 중공군은 큰 피해를 보면서도 계속 제3 대대 병력을 공격했고 제3 대대 병력은 끝까지 싸웠다. 탄약이 다 떨어진 제3 대대 생존 병력은 죽은 적군의 무기까지 들고 싸우며 이틀이나 버텼지만 이미 전세는 기운 상태였다. 결국 250여 명의 부상자와 군의관만 남겨 놓고 움직일 수 있는 사람들만 탈출하기로 한다. 8백여 명의 대대원 중 6백여 명이 전사하거나 포로가 되었고 탈출에 성공한 사람은 2백여 명도 되지 않았다.

🏵 오판의 대가를 치르다

중공군과의 첫 전투인 운산 전투에서 방심했던 미군과 한국군은 수천 명의 사상자가 발생하는 큰 피해를 보고 후퇴한다. 이런 참담한 결과는 맥아더 장군의 결정적 오판 때문이었다. 중공군의 병력이 많아야 3만여 명일 거라 추산한 맥아더 장군은 이 정도 병력은 유엔군의 공군력으로 충분히 막을 수 있다고 낙관했다. 그러나 예상보다 10배나 많은 적 병력이 기다리고 있었고, 그 안으로 아군 병력을 대책도 없이 밀어 넣었다. 더 큰 오판은 운산 전투에서 이렇게 큰 피해를 보고도 맥아더 장군은 여전히 중공군의 본격적인 참전을 믿지 않고 계속해서 전진을 명령하며 전쟁을 빨리 끝내려 했다는 것이다.

운산 전투는 한국 전쟁 2라운드의 시작을 알리는 전투였다. 중공군이라는 거대한 적을 과소평가한 맥아더 장군의 결정적 실책으로 오히려 전쟁이 길어지며 더 큰 피해가 발생하게 된다. 아무리 미군이 압도적인 공군력을 보유하고 있다고 해도 마지막 승패를 결정짓는 것은 지상 병력이다. 머릿수에서 밀리면 답이 없는 법이다. 미국 같은 강대국은 해군과 공군의 첨단 장비로만 싸우는 것같아 보여도 마지막에 적지에 깃발을 꽂는 것은 소위 말하는 '땅개'들의 몫이다. 전쟁을 하루라도 빨리 끝내고 싶었던 맥아더 장군의 조급함과 오만함은 독이 되었다. 맥아더 장군은 우리에게 인천 상륙 작전의 영웅으로 알려졌지만, 운산 전투에서 그의 무모한 결정은 한국 전쟁에서 가장 결정적인 실책으로 평가받는다.

이후 유엔군의 무모한 북진은 계속되었고, 중공군은 이런 유엔군을 기다리고 있었다. 1950년 11월 27일 함경남도 장진군 지역에서 본격적인 전투가 벌어진다. 이 장진호 전투에서 유엔군은 너무 깊이 전진해 들어갔고 대규모의 중공군에게 포위되어 전멸할 뻔하였다. 흥남 철수 작전으로 겨우 빠져나온 유엔군은 다시 남쪽으로 하염없이 후퇴한다. 한국의 듣도 보도 못한 매서운 겨울과 중공군의 대규모 참전에 대해 전혀 준비되지 않았던 유엔군은 다시 38선 아래로 밀려나며 전쟁은 새로운 양상에 접어들게 된다.

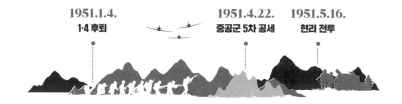

1951.1.4.
1·4 후퇴

1951.4.22.
중공군 5차 공세

1951.5.16.
현리 전투

현리 전투

한국 전쟁사 최대의 치욕

    1950년 6월 25일 북한의 기습적인 남침으로 한국 전쟁이 시작되었다. 한국군은 전쟁 초반 북한군의 공격에 서울을 빼앗기며 부산까지 밀려 내려갔다. 하지만 1950년 9월 유엔군의 인천 상륙 작전을 통해 전세를 역전했고, 이후 쾌속으로 북진하며 북한군을 중국 국경 지대까지 몰아붙였다.

    이때 대부분은 전쟁이 금방 끝나리라 생각했지만 예상치 못했던 중공군의 참전으로 전쟁 상황은 다시 역전되고 만다. 중공군은 압도적인 병력으로 국경을 넘어 물밀듯이 내려왔고, 유엔군은 다시 38선 아래로 밀려나고 말았다. 그렇게 정신없이 털리던 유엔군은 미군을 중심으로 전력을 재정비하여 반격에 나섰다. 중공군은 압도적인 공군력을 바탕으로 한 유엔군의 공격에 다시 밀려나기 시작했고, 중공군과 유엔군 간의 치열한 일진일퇴의 공방이 펼쳐졌다. 유엔군의 반격에 큰 피해를 보고 잠시 후퇴했던 중공군은 다시 전력을 재정비하여 반격할 계획을 세웠다.

🎯 동부 전선의 붕괴

1951년 4월 중공군은 서부 전선에서 대공세를 펼쳤지만, 압도적인 화력의 미군과 유엔군에 밀려 실패하고 말았다. 이에 중공군 지휘관이었던 펑더화이는 한국군이 집중 배치되어 상대적으로 전력이 약한 동부 전선을 공략하기로 결정한다. 동부 전선에는 한국군 제3 군단 예하의 제3 사단, 제9 사단 그리고 미군 제10 군단 예하의 한국군 제5 사단, 제7 사단 등이 배치되어 있었다. 공산군은 이 지역으로 무려 중공군 3개 군단과 북한군 제2 군단, 제5 군단 등 약 21개 사단을 투입하였다. 이 작전이 성공한다면 동부 전선을 붕괴시키고 전세를 역전시킬 수 있었다.

5월 16일 대규모 포격을 시작으로 드디어 중공군의 대공세가 시작되었다. 먼저 중앙에 있던 한국군 제7 사단과 제9 사단의 사이에 공격이 집중되었다. 특히 한국군 제7 사단 방어선은 3개 사단이 투입된 중공군의 압도적인 병력 앞에 약 4시간 만에 붕괴되었다.

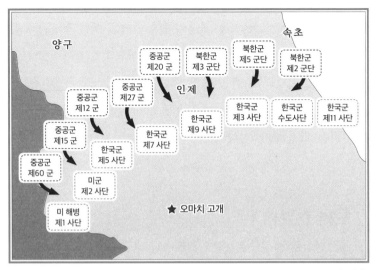

동부 전선

한국군 제7 사단은 치열하게 반격하였지만, 통신선이 파괴되고 지휘부까지 붕괴되어 주변의 다른 아군 병력에 제대로 된 경고조차 보내지 못하고 후퇴해 버렸다.

중공군은 일단 방어선에 틈이 생기자 주특기였던 '종심 기동 전술'을 펼친다. 한 곳으로 막대한 화력과 병력을 밀어 넣어 종심을 크게 확대하는 전술로 빠르게 방어선을 돌파하기 시작했다. 아군의 방어선을 순식간에 돌파한 중공군 소규모 병력의 전진 속도는 오히려 아군의 후퇴 행렬을 앞질러 갔다. 그 뒤로는 중공군의 연대와 사단급 병력이 계속해서 밀려 내려오고 있었다.

⊕ 승패를 가른 오마치 고개

여기서 이 전투의 승패를 가른 결정적인 사건이 벌어진다. 빠르게 앞서 나간 중공군의 소규모 병력이 신속하게 아군의 방어선을 우회해 후방으로 진출해 나갔다. 그리고 그중 첨병중대가 17일 새벽에 한국군 제3 군단의 가장 중요한 전략적 요충지인 오마치(오미재) 고개 일대를 점령했다. 중공군은 처음부터 이곳을 노리고 빠르게 들어온 것이었다.

'오마치 고개'는 말 다섯 마리가 겨우 지나갈 수 있다는 뜻의 아주 좁은 고갯길로, 주변이 모두 험한 산으로 둘러싸여 있는 상황에서 오마치 고개만이 후방으로 통하는 유일한 통로였다. 이 고갯길은 한국군 제3 군단의 보급로이자 유일한 후퇴로였다. 한 마디로 제3 군단의 생명줄이었다.

> "오마치 고개에 신경을 쓰면서도 실기失機하고 말았던 것이다.
> 솔직히 말해서 그때만 해도 적이 하룻밤 사이에 전선을 뚫고
> 30km나 되는 원거리를 주파하리라고는 미처 예상치 못했으
> 며, 적의 유격 전술을 이해 못한 것을 자책하고 있다."
>
> ― 한국군 제3 군단 군단장 유재흥

사실 전투 전에 요충지인 오마치 고개의 방어를 두고 관할 구역 문제로 한국군 제3 군단의 군단장 유재흥 장군과 미군 제10 군단의 군단장 알몬드 장군이 신경전을 벌였는데, 부대별 전투와 방

어 구역을 나누는 전투지경선이 문제의 원인이었다. 오마치 고개는 원래 미군 제10 군단의 관할 구역이었지만 유재흥 장군은 이곳의 중요성을 잘 알았기에 자신의 제3 군단 예하 수비 병력을 배치했다. 하지만 알몬드 장군은 자신의 관할 구역에 타 부대가 들어온 것에 강하게 항의하였다.

결국 유엔군 총사령관이었던 맥아더 장군의 오른팔이었던 알몬드 장군의 고집대로 유재흥 장군의 병력은 철수하였다. 하지만 이후 알몬드 장군은 아무 방어 병력도 배치하지 않는 짓을 저질렀고 이 요충지가 무방비 상태로 남겨지는 황당한 일이 벌어지게 된 것이다. 알몬드 장군의 실수는 현리 전투의 승패를 가른 결정적인 사건이라고 할 수 있다.

⊕ 현리에 집결하다

한국군 제7 사단의 방어선이 순식간에 붕괴되자 뒤늦게 한국군 제9 사단과 제3 사단도 후퇴하기 시작했다. 다행히 이때까지 제9 사단과 제3 사단의 병력은 보존된 상태였다. 하지만 순식간에 제7 사단이 뚫리고 유일한 퇴로인 오마치 고개가 점령당했다는 소문이 퍼지면서 병사들은 공포감을 느끼며 공황 상태에 빠지기 시작했다.

한편 퇴로를 차단당한 한국군은 현리에 집결하기 시작했다. 한국군 제3 사단과 제9 사단, 제7 사단 패잔 병력, 인근 예하부대 등

혼잡한 상황이었지만 병력은 아직 충분한 상태였다. 결국 제3 군단 지휘부는 2개 연대를 동원해 오마치 고개 돌파 작전을 계획했고 병력이 충분했기 때문에 돌파 작전의 성공을 의심하는 사람은 없었다. 하지만 중공군도 이 고개의 중요성을 알고 있었다. 한국군이 돌파 작전을 계획하는 동안 중공군은 이미 오마치 고개에 중대 병력이 아니라 2개 사단 규모의 병력을 충원한 상태였다.

그런데 여기서 희한한 일들이 벌어진다. 오마치 고개 공격을 준비하던 한국군 제18 연대와 제30 연대가 제대로 싸워 보지도 않고 갑자기 하나둘씩 도망치기 시작한 것이다. 통신망이 붕괴되어 아군 간에 서로의 위치도 알지 못했고, 어떤 상황인지도 모르는 상태에서 한국군 제9 사단의 사단장인 최석 장군은 연락도 되지 않고 있었다. 지휘 통제가 제대로 되지 않는 혼란 속에서 전 병력이 공황 상태에 빠져 급격히 무너지기 시작했다.

이때까지 온전한 병력을 유지했던 제3 군단은 아수라장 속에서 무질서한 후퇴를 시작했다. 작전도 지휘도 없는 상황에서 수만 명의 군사가 해발 1,400m의 험준한 방태산 속으로 무작정 도망친 것이다. 장군이나 장교들은 중장비들과 개인 화기들도 유기한 채 계급장마저 떼고 무작정 도망가기 시작했다.

중공군은 한국군의 후퇴로를 차단하기 위해 빠른 속도로 추격하기 시작했다. 겁에 질린 한국군 병력은 포위망을 뚫고 도망치려 했다. 수많은 전사자와 포로가 생겨났고 그동안 온전한 전력을 유지했던 제3 군단도 그대로 무너져 버린다. 처참하고 무질서한 후퇴 행렬은 사흘 동안 계속되었고 장장 70km를 도망친 뒤 평창의 하진부리에서 겨우 수습되었다.

5월 20일 하진부리에 집결한 제3 군단의 병력은 약 3분의 1 정도밖에 안 되었다. 동부 전선 전체가 붕괴될 수도 있는 위급한 상황이 되자 놀란 미군 제8 군은 하진부리에 모여 있는 제3 군단 병력에게 현 방어선을 지키라고 명령했다. 그러나 이미 장비 대부분을 유실하고 사기가 바닥인 제3 군단 병력은 적과 싸울 수 있는 상태가 아니었다. 21일에 이들은 또다시 후퇴하였다.

하지만 이후 대관령 쪽의 한국군과 서쪽의 미군 제2 사단이 방어에 성공하면서 중공군은 더 이상 진격하지 못했다. 유엔군의 반격으로 전세는 곧 역전되었지만 이미 열이 받은 미군 제8 군 사령관 밴 플리트 장군은 제3 군단을 해체해 버린다.

현리 전투는 한국군 역사상 가장 치욕적인 전투로 불린다. 1개 군단의 대병력이 제대로 싸워보지도 않고 각자 도망가다가 증발해 버린, 전투라고 부르기도 민망한 사건이었다. 게다가 한국 전쟁 기간 중 가장 많은 포로가 발생한 전투이기도 했다. 이 전투는 간부들의 지휘 수준 미달과 부대 간의 합동 작전 능력 미달, 전황 파악 미숙지 등 여러 가지 이유가 합쳐져서 발생한 총체적인 난국이었다. 또한 오마치 고개에 방어 병력을 배치하지 않은 미군 제10 군단의 군단장 알몬드 장군 역시 큰 책임이 있다. 이 전투를 계기로 유엔군은 더 이상 한국군의 지휘 능력을 믿을 수가 없었고, 대한민국 육군 본부는 작전권이 박탈당하는 수모를 겪게 된다. 이로써 육군 본부의 역할은 크게 제한되었으며, 한국군 전투 부대의 지휘권은 완전히 유엔군에게 넘어가게 되었다. 전선이 통째로 붕괴할 뻔한 것도 큰 문제였지만, 이 전투로 인해 전쟁 내내 한국군에 대한 미군의 불신이 생겼다는 것도 간과할 수 없는 중요한 문제였다.

지금도 강원도 인제의 깊은 산 속이나 오마치 고개 근처에서는 귀신을 봤다는 소문이 돈다고 한다. 아마도 이곳에서 우리가 모르는 더 많은 죽음이 있었을 것이라고 상상해 본다.

1945.8.10.
제2차 국공내전

1946.12.19.
제1차 인도차이나 전쟁

1954.3.13.
디엔비엔푸 전투

디엔비엔푸 전투

프랑스군의 거대한 무덤

근대사에서 가장 강력한 국가로 불리는 미국이 전쟁에서 유일하게 패한 상대가 있는데, 바로 베트남이다. 동남아시아에 있는 베트남은 작은 나라이지만 역사적으로 중국과 프랑스, 미국이라는 거대한 적들의 침략을 이겨 내고 현재까지 살아남은 대단한 국가라고 할 수 있다. 베트남은 근현대에 두 국가와 전쟁을 벌였는데 바로 프랑스와 미국이다.

◈ 물 건너간 베트남 독립의 꿈

프랑스의 오랜 식민지였던 베트남은 제2차 세계대전의 혼란한 틈을 타 독립을 선포했지만, 국제사회는 힘없는 베트남의 독립을 공식적으로 인정해 주지 않았다. 승전국이 된 프랑스는 자신들의 오랜 식민지였으나 전쟁 중 일본에 빼앗겼던 인도차이나반도를 다시 점령하러 들어왔다. 프랑스는 구시대적인 식민지 정책을 포기할 생각이 없었다. 하지만 공산주의자였던 호찌민이 이끄는 베트남 독립운동 단체인 '베트민'은 독립을 위해 무장투쟁을 벌이기 시작했고, 독립을 갈망하던 많은 베트남 사람들의 지지를 받았다.

베트민은 미국의 지원을 받은 프랑스군의 압도적인 화력에 밀리고 있었지만, 중국 공산당의 지원으로 서서히 힘을 회복하고 있었다. 1953년경에는 북부 지역을 대부분 장악하게 된다. 장제스가 이끄는 국민당과의 전쟁인 국공내전에서 승리한 중국 공산당과 소련은 베트민을 지원했고, 베트남의 공산화를 우려한 미국은 프랑스를 지원하고 있었다. 1950년 한국에서도 공산주의 북한과 전쟁이 벌어지자 미국은 아시아에 공산주의 세력이 확대되는 것을 보고 있을 수만은 없었다.

이렇게 각국의 복잡한 입장이 얽혀서 1946년부터 1954년까지 제1차 인도차이나 전쟁이 벌어진다. 베트남은 프랑스와의 제1차 인도차이나 전쟁에 승리하며 독립을 쟁취하지만, 이후 베트남에서 내전이 발생하며 미국이 개입하게 된다. 이 전쟁을 '제2차 인도차이나 전쟁' 또는 '베트남 전쟁'이라고 부른다.

⊕ 디엔비엔푸에 올인하다

베트민군의 게릴라 전술로 인해 점차 수세에 몰리던 프랑스 극동 원정군의 총사령관 앙리 나바르Henri Navarre 장군은 전세를 역전시키기 위해 큰 도박을 한다. 당시 베트민은 베트남 북부 지역을 거의 장악하고 라오스까지 침공하려 하고 있었다. 이에 앙리 나바르 장군은 북부 교통의 요충지로 라오스와 베트남을 잇는 디엔비엔푸Dien Bien Phu 지역에 강력한 요새를 건설하고, 최대한의 병력을 끌어모아 베트민군의 보급로를 차단하고 압박하며 적을 유인하기로 했다. 한 마디로 스스로 미끼가 되어 적의 게릴라부대를 개활지로 끌어낸 후 우세한 화력과 항공 전력으로 한 번에 박살 낸다는 나름 합리적인 계산을 바탕으로 한 전략이었다.

화력 면에서 베트민군은 프랑스군의 상대가 되지 않았기에 개활지에서의 전투는 베트민군에게는 자살행위나 다름없었다. 하지만 디엔비엔푸는 사방이 산에 둘러싸인 분지라 한번 고립되면 거의 탈출이 불가능한 지역이었고 항공기 외의 보급도 쉽지 않은 지형이었다. 이때 호찌민도 중대한 결정을 하게 된다. 프랑스의 미끼를 알면서도 물기로 한 것이다. 어차피 디엔비엔푸에는 프랑스군의 주력이 몰려 있었고 이들만 박살 내면 프랑스는 항복할 것이었기에 위험을 감수하고 디엔비엔푸 공격을 결정한다. 그렇게 프랑스와 베트민은 모두 디엔비엔푸에 올인했고 승부가 나는 일만 남았다.

일단 프랑스 육군은 작전을 위해 베트남 현지 주둔 병력과 본국에서 지원 가능한 모든 병력, 장비, 물자를 총동원한다. 프랑스 외인부대와 정예 공수부대를 주축으로 한 6개 대대가 동원되었는데 그들의 수는 총 2만 명에 달했다. 중장비 또한 30여 문의 곡사포와 M24 채피Chaffee 경전차 10대를 확보하였다. 270여 대의 전투기와 폭격기는 물론 수송기도 백여 대를 투입하였다. 프랑스로서도 단판 승부였기에 가능한 병력을 싹싹 긁어모은 것이었다.

드디어 1953년 11월 20일 10시 35분 작전명 '캐스터Castor'라는 이름으로 최초 2개 대대의 대규모 공수부대가 강하하여 순식간에 그 지역을 장악하였고 활주로까지 건설하며 요새를 건설하기 시작했다. 또한 이 비행장을 중심으로 주변에 8곳의 방어 기지들을 건설했는데 중심부에는 엘리앙, 도미니크, 클로딘, 위게트 기지가 있었고, 외곽 기지로는 앤 마리, 가브리엘, 베아트리체, 이자벨이 만들어졌다.

오만했던 프랑스는 게릴라전이나 펼치던 베트민군의 화력을 과소평가하고 있었다. 모든 불리한 환경들은 영혼까지 끌어모은 압도적인 화력과 대량의 항공기로 해결할 수 있다고 믿었다. 그리고 요새가 무사히 완공될 때까지 적의 움직임이 특별히 없자 안도하기 시작했고 좋은 출발을 하고 있다고 생각했다.

이러한 프랑스군의 도발을 상대한 인물은 베트남의 전략가인 보응우옌잡Vo Nguyên Giap 장군이었다. 그는 디엔비엔푸에 몰려 있는 프랑스군을 상대하기 위해 3개 사단 이상을 동원하였다. 그리고 수많은 군인과 민간인들을 동원하여 도로를 확장한 후 중장비와 병력을 디엔비엔푸로 집결시키기 시작했다. 이때부터 베트남 사람들은 기적을 만들어 내기 시작한다.

주간에는 프랑스 공군기들 때문에 이동이 거의 불가능했기에 주로 밤에 이동했다. 길이 아닌 험준한 정글 속에 길을 내며 하루에 무려 약 80km 정도의 거리를 도보로 이동했다. 민간인들은 남녀노소 상관없이 각자가 책임진 크고 작은 짐들을 들고 하루에 생쌀 한 움큼만 먹으며 수백 킬로미터를 이동하는 초인적인 힘을 발휘한 것이다. 대포 같은 경우는 작게 분해하여 사람이 짊어지거나 소, 말, 자전거 등을 이용해 산 정상까지 가지고 올라가 조립하였다. 디엔비엔푸의 프랑스군은 이런 사실을 까맣게 모르고 있었다. 트럭이나 항공기가 아닌 인력으로 수많은 중장비를 분해하여 산 정상까지 가지고 올라간다는 것은 프랑스군으로서는 상상할 수 없는 일이었다.

🎯 함락된 디엔비엔푸 요새

1954년 3월 드디어 베트민군의 디엔비엔푸에 대한 완벽한 포위망이 형성되었다. 프랑스군은 요새 주변 곳곳에 은폐되어 있던 무려 5만여 명의 베트민군 전력을 전혀 예상하지 못했다.

3월 13일 베트민군의 본격적인 공격이 시작된다. 예상치 못한

2백여 문의 압도적인 베트민군 포병 화력에 의해 북동쪽 전초 기지 베아트리체가 순식간에 무너져 버렸다. 적 포병 공격에 베아트리체의 장교들은 대부분 폭사하고 기지의 외인부대원은 끝까지 싸웠지만 5백여 명 이상의 사상자를 내며 후퇴했다.

다음 날에도 압도적인 포병 화력의 지원을 받은 베트민의 공격으로 가브리엘 기지가 함락되었다. 프랑스군은 기겁할 수밖에 없었다. 포병이나 중화기들은 자신들이 당연히 우위에 있을 거라고 믿었다. 하지만 오히려 압도적인 베트민군의 포병에 기지가 박살 나고 있었다. 산꼭대기에서 포탄이 날아올 줄은 꿈에도 몰랐던 것이다. 사방에서 날아오는 포탄에 기지와 활주로의 전투기들은 속절없이 파괴되었고 프랑스군은 정신이 나갈 지경이었다.

북쪽의 고지대를 장악한 베트민군은 디엔비엔푸 요새의 목숨줄과 같은 활주로에 포격을 가하기 시작했다. 결국 활주로는 폐쇄되었고 프랑스군은 오직 공중에서 낙하산을 이용해서만 지원받을 수 있었다. 전투 개시 이틀 만에 외곽 기지 두 곳과 목숨줄과 다름없는 활주로가 폐쇄되며 프랑스군은 초반부터 수세에 몰리기 시작했다.

프랑스 공군도 매일 공습을 퍼붓고, 꾸준히 보급물자를 투하하며 지원했지만 적의 숫자가 워낙 많았다. 울창한 정글에 숨겨진 수많은 대공포 때문에 시간이 갈수록 강력했던 항공 전력도 급격하게 소모되고 있었다. 활주로가 폐쇄되자 디엔비엔푸의 병력은 외부로 나갈 수도 없었고 부상병을 후송할 수도 없었다. 의약품은 떨어져 가고 부상병은 계속 늘어났다. 기지 안은 생지옥으로 변해 갔으며 치료받지 못한 부상병들은 서서히 죽어 갔다.

외곽 전초 기지는 이자벨만이 겨우 살아남아 방어하고 있었다. 이제 베트민은 디엔비엔푸 요새 중심부에 있던 엘리앙, 도미니크, 클로딘, 위게트 기지를 집중 공격하기 시작했다. 프랑스군은 간신히 적들의 공격을 막아 내고 있었다. 특히 외인부대와 공수부대는 특유의 저돌성과 용맹함으로 처절하게 싸우고 있었지만, 서서히 탄약이 떨어져 가고 있었다. 베트민군 역시 프랑스군의 치열한 저항에 엄청난 사상자를 내고 있었지만, 야금야금 디엔비엔푸를 점령하고 있었다.

5월이 되자 승기는 완전히 베트민군에게 넘어간 상태였다. 고립된 프랑스군은 물과 탄약, 의약품 등 모든 것이 부족했고 서서히 끝이 보이기 시작했다. 프랑스군은 하노이 같은 후방에서 지원자들을 뽑을 정도로 병력이 절실했는데, 이들은 외인부대 지원자들과 제대로 낙하 훈련도 못 받은 행정병들로 구성되었다. 이들은 동료들을 구하기 위해 용감하게 자원하였지만, 적들의 대공포에 의해 땅에 발을 붙이기도 전에 대부분 전사하였다. 낙하가 성공한 후에도 지뢰밭이나 매복에 걸려 싸우지도 못하고 전사했다.

베트민은 프랑스군 지휘소가 위치한 마지막 거점인 엘리앙을 향해 총공세를 퍼부었다. 프랑스군은 기지 안으로 밀고 들어온 적들과 백병전까지 벌이며 저항했지만 이미 승부는 난 상태였다. 프랑스군의 완벽한 패배였다.

5월 7일 저녁, 디엔비엔푸의 모든 프랑스군 진지가 함락되었고, 지휘관이었던 카스트리 준장은 항복하였다. 투입되었던 2개의 정예 외인 공수대대는 거의 전멸했고, 기지에 남아 있던 11,721명의 프랑스군이 포로로 잡혔다. 포로 중에 4천여 명의 부상자들을 제외한 약 8천 명의 포로들은 열악한 환경 속에서 수백 킬로미터 떨어진 포로 수용소를 도보로 이동하는 죽음의 행군을 했다. 이동 과정에서 제대로 먹지도 자지도 못하고 치료받지 못한 포로들은 계속해서 죽어 나갔다. 약 두 달 동안의 죽음의 행군에서 수많은 프랑스군 포로들이 사망했고 훗날 프랑스군 포로 중 3,290명 만이 조국으로 돌아갈 수 있었다.

🎯 베트남 독립, 프랑스를 벗어나다

약 두 달간의 피비린내 나는 디엔비엔푸 전투에서 프랑스군은 3천여 명의 전사자가 발생했다. 베트민군도 8천여 명 이상이 전사하며 엄청난 인명 피해가 발생했지만, 마지막에 웃은 것은 베트민이었다.

이 전투에서 보여 준 베트남 사람들의 투혼과 정신력은 프랑스인들의 상식으로는 설명되지 않았다. 베트민은 비행기 1대 없이도 막강한 프랑스군에게 승리했다. 산봉우리로 대포를 옮길 때는 산

비탈에서 미끄러지는 대포 아래로 자기 몸을 던져 넣으며 희생하기도 했다. 이런 일은 결코 명령이나 누가 시켜서 할 수 있는 행동들이 아니다. 그만큼 베트남 사람들은 독립에 대한 열망이 컸고, 그 열망과 보응우옌잡이라는 탁월한 전략가가 만나 어마어마한 시너지 효과를 내었다.

디엔비엔푸에서 프랑스군은 모든 면에서 패배했다. 오만했던 프랑스군은 베트민군의 화력과 정신력을 무시했지만, 디엔비엔푸에서 프랑스가 자랑하던 정예 병력은 말 그대로 전멸했다. 모든 것을 쏟아부은 전투였기에 프랑스는 이제 남은 것이 없었다. 할 수 없이 여러 천연자원을 공급하던 중요한 식민지 베트남에서 철수하게 된다.

베트남이 프랑스로부터 독립을 쟁취하자 아프리카의 프랑스 식민지였던 튀니지, 알제리 등도 독립운동을 별여 독립을 쟁취하게 된다. 이로써 화려했던 프랑스의 식민지 역사는 막을 내린다. 2차 세계대전과 베트남에서의 패배로 세계를 호령하던 프랑스는 급격히 약화되었고, 신흥 강대국인 미국이 부상한다. 하지만 신흥 강대국인 미국은 베트남에서 처참하게 박살 난 프랑스를 보고도 다시 베트남을 침략하는 실수를 범했고, 이후 프랑스보다도 더 큰 대가를 치르게 된다.

1967.1.14.
한일호-충남호 충돌 사건

1967.1.19.
당포함 격침 사건

당포함 격침 사건

어민들을 위해 싸우다

1999년과 2002년 북한군과 두 차례의 연평 해전이 있었다. 2010년에는 북한 잠수정에 의해 포항급 초계함인 천안함이 피격된 사건이 있었다. 이 외에도 우리나라는 북한의 도발로 인해 바다 위에서 수많은 크고 작은 사건들이 있었다. 연평 해전과 천안함 피격 사건은 많은 군인이 희생된 비극적인 사건이지만, 훨씬 전인 1960년대에도 비슷한 사건이 있었다. 바로 1967년 1월 19일 동해 앞바다에서 벌어진 대한민국 해군 '당포함 격침 사건'이다.

✹ 어선 보호 작전

수백 척의 어선들이 명태를 잡기 위해 한겨울의 동해 바다로 몰려들었다. 황금어장으로 유명한 동해 북부에서는 화창한 날씨 덕분에 전국 각지에서 약 240여 척의 어선들이 몰려들어 밤낮으로 조업을 하고 있었다. 좋지 않은 날씨로 인해 그동안 부진했던 어획량을 만회하고자 어민들은 필사적이었고 어업 활동이 허가된 어로 한계선을 넘는 위험도 감수하고 있었다.

1960년대에는 북한에 의해 어선들이 피랍되거나 공격받는 일들이 많았기에 수산청장은 해군에 어선 보호를 요청했다. 이날도 해군 초계함인 당포함과 다른 해군 함정들이 북방 한계선 근해에서 어선 보호 작전을 하고 있었다.

어민들은 조금이라도 더 잡기 위해 어류들이 풍부한 북쪽으로 계속 이동하였고, 해군 함정들은 올라가는 어선들을 단속하며 자주 실랑이를 벌였다. 어민들이 어로 한계선을 넘는 일은 다반사였다. 해군 함정은 물 대포까지 쏘며 어선들의 북상을 막으려 했으나 생계가 걸린 절박한 어민들을 100% 단속하기에는 역부족이었다. 어민들이 고기 떼를 따라 북방 한계선을 넘어 조업하는 경우에는 해군 함정들도 위험을 무릅쓰고 어선단을 따라 올라가는 상황까지 발생했다.

어선 보호 작전에 투입되었던 함정 중에서 당포함은 제2차 세계대전 중 미 해군이 사용하던 함정 마파USS Marfa를 1961년 12월에 대한민국 해군이 인수하여 사용 중이던 650톤급 호위 초계함

이었다. 당포함은 1944년에 만들어진 함정으로 무장은 3인치 포 1
문과 40mm 쌍열포 3문, 20mm 쌍열포 2문 등과 폭뢰 투하 장비
들이 있었고, 최고 속도는 15.7노트이다.

당포함은 1월 15일까지 작전 후 임무를 교대할 예정이었다. 하
지만 1월 14일, 여객선 한일과 해군 구축함 충남이 부산 가덕도 근
방에서 충돌한 사고 때문에 다수의 해군 함정들이 구조에 투입되
어 당포함은 1월 말까지 임무가 연장되었다. 그리고 이번 작전을
마지막으로 당포함의 함장이었던 김승배 중령의 함장 교대식이
열릴 예정이었다. 어선 보호 작전에는 당포함(PCE-56), 한산함(PCE-
53), 경기함(DE-71), 낙동강함(PF-65)이 투입되었는데 당포함은 해안
에서 가장 가까운 구역을 담당하고 있었다.

한편 북한 고성군에 있는 수원단의 북한군은 한국 해군의 어
선 보호 작전을 주시하고 있었다. 수원단에는 북한군 122mm 해안
포 14~16문 정도가 배치되어 있었는데, 당포함의 주포인 3인치 포
보다 2배 이상의 화력을 가졌으며 육상에 고정되어 있어 명중률도
좋았다. 당포함에는 3인치 주포도 1문밖에는 없었기 때문에 화력
으로는 이미 상대가 되질 않았다.

✦ 북한군의 도발

오전 11시경 빠른 속도로 남하 중인 북한 경비정 2척이 당포함
의 레이더에 잡혔다. 하지만 이미 우리나라의 어선 50여 척이 북

방 경계선을 넘어가고 있었다. 북한 경비정 2척이 계속 어선단 방향으로 접근하자 당포함은 위험을 무릅쓰고 북방 경계선을 넘어서 어선단에 경고 방송을 하며 남쪽으로 밀어내기 위한 차단 기동을 시작했다.

하지만 이것은 북한의 계획된 도발이었다. 북한 경비정들이 당포함이 북방 경계선을 넘어오도록 일부러 어선단 쪽으로 접근하며 당포함을 수원단 해안 포대 사거리 안으로 유인한 것이었다. 당포함이 한참 남하 작전을 펼치던 1시 55분경 해안가에서 빛이 몇 번 번쩍이더니 갑자기 당포함 주변에 폭음과 함께 20여 개의 거대한 물기둥이 솟구쳤다. 이는 북한의 해안 포대에서 발사한 포들이었다. 처음부터 경고 사격이 아닌 조준 사격을 가하였다.

갑자기 공격당한 당포함은 연막탄을 터뜨리며 전속력으로 해안에서 벗어나기 시작했고, 동시에 3인치 포와 40mm 포 등으로 적에게 응사했다. 하지만 1시 58분 적 해안포의 두 번째 사격이 함미 쪽에 명중했다. 이로 인해 배의 방향을 잡아 주는 타기실과 후부 기관실에 화재가 발생했고 후부에 있던 엔진은 정지해 버렸다. 당포함은 전부 기관실의 다른 엔진 하나로 움직였지만 속도가 확연히 느려졌다.

명중된 후부 기관실로 순식간에 바닷물이 밀려들었다. 당포함의 승조원들은 포탄이 떨어지는 상황에서도 필사적으로 방수 작업을 하였다. 포술장 이석무 중위는 정신없이 발포 명령을 내렸고 마지막에는 '포탄을 있는 대로 모두 쏴라.'라는 절규에 가까운 명령을 내렸다. 하지만 당포함의 3인치 포는 대파되었고 40mm 포들은 사거리가 적의 해안 포대까지 미치지 못했다.

함미 쪽에 설치된 포대에도 적의 포탄이 명중하여 포신이 대파되었고 당포함의 승조원들은 대부분 전사하거나 중상을 입었다. 포대 주변은 온통 승조원들의 피와 살점투성이였고 여기저기서 팔다리를 잃은 승조원들의 비명 소리로 갑판은 말 그대로 아비규환이었다. 적의 사격이 시작된 지 6분여 만에 기관실은 무너졌고 당포함은 추진 기능을 완전히 상실하여 급격히 기울고 있었다.

◉ 침몰하는 당포함

오후 2시 3분 적탄이 함교에 명중하여 전투를 지휘하던 함장 김승배 중령까지 전신에 파편을 뒤집어쓰고 쓰러졌다. 당포함은 온통 검은 연기와 불길에 휩싸였고 바닷물은 계속해서 들어오고 있었다. 상황이 너무나 절망적이었다. 오후 2시 12분 이미 한참 기울어진 당포함에 퇴함 명령이 내려졌고, 생존한 승조원들은 불타는 당포함에서 필사의 탈출을 시작했다.

구조 무전을 듣고 전속력으로 달려온 한산함과 경기함 그리고 낙동강함은 북한의 해안 포대에 사격을 가하는 동시에 당포함 생존자들의 구조 활동을 펼쳤다. 그러나 북한의 해안 포대는 위장이 너무 잘 되어 있었기에 쉽게 포격을 막을 수가 없었다. 안타깝게도 바다에 일찍 뛰어든 승조원 중에는 얼음장 같은 겨울 바닷물에 익사하거나 저체온증으로 사망한 경우가 많았다.

바다 위에는 이미 전사한 승조원들의 시신들이 가득했다. 당포함 승조원 79명 중 52명을 구조했지만 28명은 당포함과 함께 동해의 깊은 바다로 가라앉아 버렸다. 극적으로 구조된 병사 중에서도 화상과 저체온증으로 11명이 사망하였다. 간신히 살아남았으나 한 배에서 동고동락하던 가족 같은 동료 39명을 잃었다. 한편 갑작스러운 교전에 놀란 어민들은 급히 남쪽으로 도망갔고 다행히 1명의 피해도 없었다. 오후 2시 34분 당포함은 함미부터 바닷속으로 순식간에 빨려 들어갔고, 해안으로부터 5km 정도 떨어진 동해상에서 장렬한 최후를 맞이했다.

1960년대는 북한과 많은 마찰이 있던 불안정하던 시기였다. 북한은 육상과 해상에서 끊임없이 도발해 왔고 그 과정에서 많은 군인과 민간인이 희생됐다. 지금은 미사일 등 장거리 타격 무기의 발달로 당포함과 같이 직접적인 함포 교전은 적어졌다고 하지만, 지금도 여전히 숨겨져 있는 북한 해안 포대의 위력은 무시할 수 없다.

당포함이 침몰한 해역은 수심도 깊고 북한에서 가까웠기 때문에 인양 작업을 시도하지도 못했다. 50년이 넘은 지금까지도 당포함과 28명의 승조원은 추운 동해 바닷속에 가라앉아 있다. 강원도 고성군 거진면에는 당포함전몰장병충혼탑이 세워져 있으며 매년 1월 19일에는 위령제를 지내고 있다. 당포함의 승조원들은 역부족인 상황에서도 최선을 다해 국민의 생명과 재산을 지켜야 하는 군인 본연의 임무를 수행했다. 이 비극적인 사건은 오래전에 일어났지만, 우리가 잊지 말아야 할 중요한 역사인 것은 틀림없다.

1955.11.1.
제2차 인도차이나 전쟁

1964.8.2.
통킹만 사건

1968.1.21.
케산 전투

랑베이 특수부대 기지

케산 전투의 서막

　동남아시아의 인도차이나반도 동쪽에 있는 베트남은 역사적으로 강대국들의 지배를 받아 왔다. 하지만 베트남은 강대국들의 지속적인 침략에도 독립을 향한 꿈을 멈추지 않았고 중국, 프랑스, 미국과의 싸움에서 승리를 거두기도 했다.

　1945년 제2차 세계대전이 끝남과 동시에 베트남을 점령했던 일본이 패전국이 되어 쫓겨나자 베트남인들은 독립을 이룰 수 있겠다는 희망을 품었다. 하지만 2차 세계대전의 승전국이었던 프랑스는 전쟁 중 일본에 잠깐 빼앗기긴 했지만, 1880년대부터 자신들의 식민지였던 베트남을 포기할 마음이 전혀 없었다.

그러나 공산주의 사상을 내세운 호찌민이라는 지도자가 등장하고 그를 중심으로 프랑스에 대항하는 무장 독립운동의 오랜 투쟁 끝에 프랑스가 1954년 디엔비엔푸 전투에서 패하면서 베트남에서 철수하게 된다.

⊕ 제2의 디엔비엔푸를 꿈꾸다

프랑스 철수 이후 베트남은 우리나라와 비슷한 이념 갈등으로 인해 남북이 나뉘게 되고 이후 북베트남과 남베트남 간의 내전이 발발한다. 부패했던 남베트남은 북베트남에 밀리기 시작했고, 뒤에서 남베트남을 지원하던 미국은 결국 참전을 결정하게 된다. 미국은 중국의 공산화와 한국 전쟁의 발발로 아시아가 공산화되는 것을 염려하였기에 베트남이 공산화되는 것을 가만히 두고 볼 수 없었다. 2차 세계대전 후 공산주의 소련과 경쟁적으로 세계 질서를 재편 중이던 미국은 어느 한 곳도 양보할 수 없었다.

베트남 전쟁 초기 미국은 남베트남군을 지원하며 공중 폭격 위주로 가세했다. 하지만 남베트남군은 졸전을 거듭하였고 점점 전세가 불리해지고 있었다. 1964년 8월 베트남 동쪽 통킹만에서 미국의 구축함 매독스가 북베트남 해군의 어뢰 공격을 받는 사건이 벌어졌다. 미국은 이 일을 빌미로 본격적인 참전을 시작했고, 1965년부터는 대규모 지상군을 전투에 투입하기 시작했다. 베트남전에 본격적으로 참전한 미국은 프랑스와는 달랐다. 2차 세계대전을 승리로 이끈 미국은 전투기와 첨단 무기를 동원하여 압도적인 화력으로 북베트남군을 몰아붙이기 시작했다.

북베트남군은 프랑스군과는 차원이 다른 미군의 엄청난 화력과 압도적인 물량 공세에 당황했다. 남베트남 후방 지역에서 '베트콩'이라 불리는 무장 게릴라들이 활동하며 미군에게 꾸준히 피해를 주고 있었지만, 전세는 여전히 북베트남에 불리했다. 북베트남군은 전세를 한 번에 역전시킬 수 있는 큰 한방이 필요했다.

그들은 과거 프랑스를 물러가게 한 결정적 전투인 디엔비엔푸 전투를 떠올렸고, 대규모의 미 해병대와 남베트남군이 주둔하던 케산Khe Sahn 지역을 주목했다. 이곳에서 결정적인 승리를 한다면 미국의 전쟁 의지를 꺾고 미국 내의 반전 여론에 불을 지필 수 있으리라 생각했다.

북베트남과의 접경인 DMZ(비무장 지대)와 라오스 국경 근처에 있는 최전방의 케산 기지는 약 6천여 명의 미 해병대와 남베트남군이 주둔하고 있었다. 북베트남군은 이 기지를 2개 사단의 병력이 포위하여 제2의 디엔비엔푸로 만드는 야심 찬 계획을 세웠다. 케산 기지 근처에서는 계속해서 산발적인 전투들이 발생했고, 1968년부터 북베트남군의 활동이 늘어나면서 대규모 공격의 징후가 보이기 시작했다.

✦ 랑베이 특수부대 기지

한편 케산 기지에서 서쪽으로 9km 정도 떨어져 있던 랑베이 Lang Vei 특수부대 기지는 9번 도로를 끼고 있는 요충지였다. 이 기지는 북베트남군이 라오스와 캄보디아 국경 지대를 경유하여 병력과 물자를 수송하던 통로인 호찌민 루트 감시 임무와 더불어 북베트남군이 라오스 국경을 넘어 들어오는 것을 막고 있었다. 특히 9번 도로와 연결된 케산 기지의 측면을 보호하고 있었기에 케산 기지를 점령하기 위해서는 랑베이 특수부대 기지 제거가 필수였다.

이 기지에는 윌러비 Franklin C. Willoughby 대위가 지휘하는 미 육군 특수부대 그린베레 대원 24명, 남베트남군 특수부대원, 현지 몽타나르족 Montagnard族 민병대 5백여 명 그리고 라오스군이 주둔하고 있었다. 그린베레의 임무 중에서는 적 후방에 침투하여 정보를 수집하거나 현지에 저항군들을 양성하여 유격전을 펼치게 만드는 임무도 있었기에 현지 원주민인 몽타나르족의 훈련도 담당하고 있었다.

북베트남군의 공격 빈도는 시간이 갈수록 점점 높아져 가고 있었다. 1968년 1월 말 기지 근방의 케산 마을과 국경 근처의 라오스군 전초 기지가 적들에게 점령되자 랑베이 기지에도 전운이 감돌기 시작했다. 이에 윌러비 대위는 기지 주변 순찰과 야간 매복을 늘리기 시작했다.

이때 후퇴한 라오스군과 포로로 잡은 적에게서 북베트남군 전차의 존재를 보고 받았다. 그러나 북베트남군이 전차를 운용한다는 것은 보고된 적도, 마주친 적도 없었기에 미군으로서는 믿을 수가 없었고, 상부에서도 이를 묵살했다.

🌀 북베트남군 전차의 출현

랑베이 기지 공격 임무는 래꽁패Le Cong Phe 대령이 이끄는 북베트남 정규군 제24 연대가 담당했는데, 미군이 듣지도 보지도 못했다던 그 전차부대가 배속되어 있었다. 계속해서 산발적으로 랑베이 기지를 공격하며 간을 보던 북베트남군은 1968년 2월 6일 늦은 밤 대량의 박격포와 곡사포를 이용하여 본격적인 공격을 시작했다. 북베트남군은 세 방향에서 공격해 들어갔다.

한편 지휘소 옥상 초소에 있던 니콜라스 프라고스 병장은 믿을 수 없는 광경을 목격했다. 도로를 따라 기지로 올라오는 북베트남군의 PT-76 경전차를 본 것이었다. 적 보병들은 전차의 엄호를 받으며 기지 주변의 철조망을 끊고 밀고 들어왔다. PT-76은 러시아제 수륙양용 전차로 얇은 장갑의 경전차였지만, 방어 병력에게는 충분히 위협적이었다. 무엇보다 북베트남군이 전차를 운용한다는 것을 들어 본 적이 없었기에 현지 민병대 병력은 생전 처음 보는 전차를 보고 도망가기 바빴다.

다행히 제임스 홀트 중사가 106mm 무반동포로 북베트남군의 전차 3대를 파괴했지만, 적에 의해 제104 중대 쪽의 방어선은 빠르게 무너지고 있었다. 지휘관인 윌러비 대위는 미친듯이 항공 및 포병 지원을 요청하였고 홀트 중사 또한 분전하고 있었다. 하지만 항공기에 무장을 장착하여 화력 지원을 해 주는 건쉽과 포병들의 지원에도 불구하고 제104 중대 지역은 돌파되고 만다. 윌러비 대위는 무전으로 전차의 등장을 보고했지만, 이때까지도 상부에서는 어두워서 잘못 본 것이 아니냐며 전차의 존재에 대해 반신반의하고 있었다.

한편 기지의 서쪽에서는 PT-76 전차 4대가 제102 중대와 제103 중대 전방의 철조망을 뚫고 내부로 밀고 들어왔다. 민병대 병력이 반격하였지만, 그들이 가진 무기로는 적의 전차를 파괴할 수 없었다. 기지 내의 박격포와 미군의 지원 그리고 케산 기지 해병대의 포격 지원으로는 전차를 앞세워 밀고 들어오는 적들을 막기에는 역부족이었다. 전차에 의해 벙커들이 차례로 파괴되자 제102 중대, 제103 중대의 방어 병력은 9번 도로를 따라 후퇴하였으나 대부분 사살되었다. 급히 조직된 그린베레 전차킬러 팀은 일회용 휴대용 대전차무기 M-72 LAW를 이용하여 전차들을 공격했다. 하지만 불발되거나 맞혀도 전차들을 제대로 파괴하지 못하여 고전하고 있었다.

새벽 2시 30분경 북베트남군과 PT-76 경전차가 제104 중대 방향의 캠프 내부로 밀고 들어와 전술 작전 센터 벙커를 포위했다. 그 안에는 윌로비 대위를 포함한 36명의 병력이 갇혀 있었다. 이들은 단단한 콘크리트 벙커 안에서 필사적으로 저항했지만, 적들은 화염방사기로 불을 지르거나 파편 수류탄, 최루탄을 벙커 안으로 던져 넣었다. 벙커 안의 병력은 자욱한 연기와 매캐한 최루 가스 속에서도 끝까지 저항하며 아침까지 버텼다. 기지 대부분은 적들에게 점령당한 상태였고 살아남은 병력은 필사적으로 케산 기지 방향으로 탈출했다.

전투가 치열하던 새벽녘 근방의 구 랑베이 기지에 있던 유진 애슐리Eugene Ashley, Jr. 중사는 치열한 전투 소식을 듣고 동료들의 구출 작전을 감행한다. 한국 전쟁에도 참전한 베테랑이었던 그는, 두려움 때문에 작전을 거부하던 라오스 병사들을 설득하여 백여 명의 구조 팀을 조직했고, 공습을 유도하며 기지 쪽으로 서서히 접근했다. 생존한 아군 병력을 규합하며 기지 내로 진입을 시도했지만, 적들의 강력한 저항에 실패했다. 결국 적의 방어 라인을 돌파하려던 애슐리 중사는 가슴에 총상을 입고 전사하고 말았다. 그러나 애슐리 중사의 탈환 작전 덕분에 기지 내부의 많은 아군 생존 병력이 탈출할 수 있었고, 그는 사후 명예 훈장을 받았다.

랑베이 기지는 하루 만에 적들에게 초토화되고 기적적으로 살아남은 병력은 케산 기지로 후퇴했다. 이 전투에서 남베트남군과 몽타나르족 병사 309명이 전사했고 122명이 포로로 잡혔으며 24명의 그린베레 대원 중 7명이 전사하고 3명은 포로가 되었다. 미군은 불리한 화력으로도 적의 전차를 9대나 격파했지만, 전차를 동원한 적의 공격에 기지는 허무하게 무너졌고 막대한 사상자를 내었다.

⊕ 케산 전투의 시작

1968년 1월부터 측면의 랑베이 기지를 제압한 북베트남군은 이후 대규모 병력으로 케산 기지를 포위하여 압박하지만 큰 피해만 보고 기지 점령에는 실패했다. 디엔비엔푸처럼 주변을 포위하고 케산 기지 내의 병력을 말려 죽이려고 했지만, 미군이 엄청난 항공 전력으로 매일 상상을 초월하는 양의 폭탄을 기지 주변에 뿌렸고 기지 내에 무제한 보급을 실시했다. 미국은 제2의 디엔비엔푸는 만들지 않겠다며 핵 공격도 불사하겠다는 의지를 은연중에 내비쳤다. 그러나 두 달이 넘는 처참한 포위전 소식은 미국 여론을 악화시켰다. 엄청난 인명 손실을 본 북베트남군은 결국 포위를 풀고 후퇴했지만, 매일 TV에서 보이던 처참한 모습에 미국의 반전 여론은 높아져만 갔고 군인들의 사기도 떨어지고 있었다.

이 시기는 베트남 전쟁에서 가장 중요한 전환점이 되었다. 미국은 막대한 물량을 쏟아부어 케산 기지 방어에 성공했고, 제2의 디엔비엔푸 사태는 막았다고 생각했다. 그러나 이때 벌어진 케산 전투와 1968년 1월 30일 북베트남군이 남베트남 전 지역을 기습 공격한 구정 공세가 TV로 생중계되면서 미국인들은 큰 충격을 받았다. 이기는 중이라고 믿었던 베트남 전쟁이었는데 TV로 보여지는 화면들은 그렇지 않았다. 케산에서는 미 해병대가 포위되어 전멸 직전이었고, 북베트남군의 구정 공세로 남베트남의 대도시들과 미국 대사관까지 공격받아 쑥대밭이 되는 모습이 그대로 전파를 탔다. 이는 미국의 반전 여론에 결정타를 날렸고 젊은이들의 징집 거부로 이어졌다. 결국 베트남에서 확실한 승세를 잡지 못하던 미국 정부는 진퇴양난의 상황에 빠졌고, 전쟁에서 발을 뺄 수밖에 없어졌다.

전투에서는 미군이 이겼을지 몰라도 전략 면에서는 북베트남의 승리였다. 북베트남군이 제2의 디엔비엔푸 전투로 만들려고 했던 케산 전투와 그 연장선상의 랑베이 기지 전투는 결과론적으로 성공한 셈이 되었다. 디엔비엔푸 전투와 케산 전투의 가장 큰 차이점이라면 미디어의 영향인데, 바로 그 점 덕분에 케산 전투는 결과적으로 제2의 디엔비엔푸가 될 수 있었다.

1955.11.1.
제2차 인도차이나 전쟁

1958
라오스 침공

1968.3.10.
푸파티 전투

리마 사이트 85의 비극

42년 만에 알려진 진실

우리는 베트남 전쟁을 미국과 베트남 간에 일어난 전쟁 정도로만 알고 있다. 하지만 베트남 전쟁은 다른 주변국들과도 복잡하게 얽혀 있었는데, 직접적으로는 우리나라와 북한, 중국, 소련, 호주, 태국, 캄보디아, 필리핀, 라오스와 연관되어 있었다.

특히 라오스는 중립국인 동시에 공산 국가인 북베트남과 국경을 길게 맞대고 있었다. 당시 라오스는 공산군과의 내전과 북베트남군의 침공으로 혼란스러운 상황이었다. 북베트남군은 남베트남으로 침입하기 위해 라오스와 캄보디아의 국경 지대에 있는 밀림을 이용했는데, 이것이 바로 그 유명한 '호찌민 루트'이다. 이 호찌민 루트는 베트남 전쟁 내내 미군에게 큰 골칫거리였다. 이곳으로 북베트남의 수많은 병력이 오가고 물자가 수송되었지만, 중립국인 라오스와 캄보디아 내에 있었기 때문에 대놓고 공격할 수가 없었다. 하지만 그렇다고 미국이 공격을 안 한 것은 아니었다. 나중에는 어마어마한 폭탄을 퍼부으며 공격했지만, 호찌민 루트를 막지는 못했다.

🌐 푸파티산의 비밀 기지

중립국 라오스 내의 지상 병력 작전이 부담스러웠던 미국은 CIA(미국 중앙정보국)를 활용해 비밀스러운 작전을 세운다. 바로 라오스에서 가장 용맹하며 베트남과 사이가 좋지 않았던 몽족Hmong族을 이용하는 방법이었다. 미국은 이들을 훈련시켜 라오스 공산 게릴라와의 전투나 북베트남 후방 교란 작전에 투입할 계획을 세웠는데, 소위 말하는 '비밀 전쟁Secret War'이다. 하지만 전쟁이 북베트남의 승리로 끝난 후 몽족은 미국으로부터 버려지고 이후 처절한 보복을 당한다.

베트남 전쟁 기간 동안 라오스에 있는 푸파티산Phou Pha Thi Mountain은 북베트남에 아주 가까운 중요한 요충지였다. 문제는 라오스가 중립국이었기 때문에 노골적으로 군사 기지를 만들거나 군사 작전을 펼 수 없다는 것이었다. 하지만 1966년에 미 공군은 라오스 정부의 묵인 하에 푸파티산 해발 1,750m 꼭대기에 전술 항공 통제 장치인 타칸TACAN 기지를 건설하였고, 1967년도에는 AN/TSQ-81 레이더 폭격 제어 시스템으로 장비를 업그레이드하였다. 물론 이 모든 것은 비밀리에 진행되었고, 이 비밀 기지는 '리마 사이트 85Lima Site 85'라고 명명되었다.

북베트남 대부분을 커버할 수 있는 리마 사이트 85의 레이더 관제소 덕분에 미군기들은 악천후나 야간에도 북베트남과 호찌민 루트를 정확하고 효과적으로 폭격할 수 있었다. 당시에는 GPS 같은 기술이 없었기 때문에 이런 레이더 관제소의 역할이 굉장히 중요했다.

리마 사이트 85는 세 면이 깎아지른 듯한 절벽 위에 있어 방어에 유리했으며 산 아래 유일한 진입로에는 몽족 병력이 방어를 담당하고 있었다. 또한 중립 지역 특성상 민간인으로 신분을 세탁한 미군 특수 요원 19명이 근무하고 있었다. CIA 직원이거나 미 공군이었던 이들은 임시 퇴역하여 공식적으로는 미국 기업 록히드의 민간인 직원 신분이었다. 혹여나 이들이 적에게 생포되더라도 민간인 신분이었기 때문에 문제 삼기 어려웠고, 중립국 파병이라는 골치 아픈 문제를 피해 가려는 미국의 꼼수이기도 했다.

리마 사이트 85의 존재를 알게 된 북베트남군은 이 눈엣가시 같은 기지를 어떻게든 파괴하고 싶었지만, 공격은 매번 실패하고 말았다. 산 아래 유일한 진입 방향에는 몽족의 방어 병력이 지키고 있었고, 이곳을 공격하면 미 공군기들이 날아와 북베트남군의 머리 위에 불벼락을 쏟아부었다. 리마 사이트 85는 한 마디로 절벽으로 둘러싸인 천혜의 요새였다.

　하지만 북베트남군과 라오스의 공산 게릴라들은 라오스 북부를 거의 점령하고 있었고 불안한 조짐이 곳곳에서 감지되기 시작했다. 빈약한 인원과 무장 때문에 기지 방어에 불안을 느낀 보안 담당 리처드 세코드 소령은 특수부대인 그린베레의 파견을 요청했지만 거절당한다. 또한 적의 대규모 공격 징후가 보이기 시작하자 철수도 건의했지만, 상부에서는 이 기지의 중요성과 방어의 유리함을 이유로 최대한 유지해야 한다고 주장하며 철수를 거부했다.

🎯 공격받는 리마 사이트 85

　1968년 1월 12일 리마 사이트 85를 향해 접근하는 4대의 항공기가 목격된다. 그것은 러시아제 An-2 복엽기로 그중 2대가 120mm 박격포탄과 로켓으로 리마 사이트 85를 공격했다. 북베트남군은 지상을 통한 공격이 계속 실패하자 공군을 동원해 공격하기로 한 것이었다.

　마침 베트남 전쟁 기간 동안 비공식적인 임무를 수행하기 위해 CIA가 운영하던 민간항공사 에어 아메리카의 헬기 조종사 테드 무어는 도주하던 An-2기들을 발견하고 이때부터 진기한 일이 벌어졌다. 바로 라오스 상공에서 AK-47 소총으로 무장한 헬기 정비사 글렌 우즈와 An-2기 간의 공중전이 벌어진 것이었다. 복엽기와 헬기 간의 자동 소총 사격전으로 결국 An-2 한 기는 소총에 맞아 격추되고, 다른 한 기는 도주하던 중 조종 미숙으로 추락했다. 이 날 고정익 항공기와 헬기의 공중전에서 헬기가 승리하는 전무후무한 기록이 세워졌다.

한편 북베트남군의 공격이 점점 대담해지고 기지에 대한 대규모 공격 정보들이 계속해서 흘러 들어왔지만, 상부에서는 대기하라는 명령만 내렸기에 기지 내의 요원들은 불안에 떨 수밖에 없었다.

북베트남군은 리마 사이트 85를 공격하기 위해 특수임무부대를 만들어 산악 전투 기술과 체력 훈련을 집중적으로 하고 있었다. 그리고 기지 주변을 은밀하게 정찰하며 공격 루트와 철수 루트들을 파악하기 시작했다. 리마 사이트 85를 직접 공격할 병력은 5개의 그룹으로 나뉘어 있었고, 산 아래쪽은 북베트남군과 라오스 공산 게릴라 3천여 명이 포위하며 시선을 끌기로 계획했다.

3월 10일 새벽 북베트남군 특수임무부대는 그동안 침투가 불가능하다고 생각했던 서쪽의 가파른 절벽을 등반하여 기지로 침투하였고 완벽하게 미군의 허를 찔렀다. 이들은 로켓포 등으로 기지 내의 주요 시설들을 파괴하기 시작했다. 미국 요원들은 M16 소총으로 필사적으로 저항했지만 불행하게도 기지에 있던 요원들은 숙련된 전투원들이 아니라 엔지니어에 가까웠다. 결국 북베트남 특공대원들에게 일방적으로 학살당한다.

산 아래쪽에서는 소식을 들은 몽족 병력이 기지를 탈환하려 했지만 공격에 실패했고, 기지의 장비들은 파괴되어 병력이 전멸할 상황이었다. 미 공군 A-1 스카이 레이더의 지원 아래 에어 아메리카 소속 헬기들이 필사적인 구출 작전을 펼쳤다. 워낙 급박한 상황이라 헬기들은 착륙도 하지 못한 채 공중에서 구조용 로프로 미군들을 끌어올렸다. 이후 생존자를 수색하는 과정에서 A-1 스카이 레이더가 격추당하며 조종사 또한 전사했다.

리마 사이트 85는 북베트남 특공대에게 완전히 점령당했으며 미군 12명과 몽족 수비 병력 40여 명이 전사했다. 반면 북베트남군은 피해가 거의 없었으며 많은 양의 미군 장비를 획득하거나 파괴했다. 미군은 대규모 폭격으로 기지의 비밀 문서와 장비를 전부 파괴해 버렸다.

리마 사이트 85의 비극은 중립국 라오스에서 벌어진 사건이었기 때문에 전쟁이 끝난 후에도 철저하게 기밀로 취급되어 잊혀 가고 있었다. 그러나 42년이 지난 2010년 백악관에서 리처드 에츠버거Richard L. Etchberger 원사의 명예 훈장 사후 추서식이 열리며 세상에 알려졌다. 리처드 에츠버거 원사는 리마 사이트 85에서 아군의 철수를 마지막까지 엄호하다가 전사했고, 리마 사이트 85 보고서의 기밀 유지 기간이 끝나면서 그의 이야기가 세상에 공개되었다.

미국은 전쟁이 끝난 후에도 리마 사이트 85에서 실종된 병사들에 대한 유해 발굴 작업을 계속하였다. 미국은 아무리 시간이 흐르고 비용이 들어도 해외에서 전사한 군인들의 유해를 찾아 집으로 돌려보내는 작업을 하고 있다. 언제 어느 곳에서 전사하더라도 반드시 조국이 자신을 찾으러 올 것이라는 사실이 목숨을 걸고 전쟁터에서 싸우는 미군들에게 큰 힘이 될 것이다. 그리고 그들의 명예로운 희생을 기리기 위해 끝까지 포기하지 않는 국가적 의지가 바로 미국이 여전히 세계의 패권을 쥔 초강대국으로 존재하는 이유가 아닐까?

1948.5.14.
제1차 중동 전쟁

1956. 10. 29.
제2차 중동 전쟁

1967.6.5.
제3차 중동 전쟁

1973.10.6.
제4차 중동 전쟁

욤 키푸르 전쟁

지도에서 사라질 뻔한 이스라엘

1948년 이스라엘은 평화롭던 팔레스타인 땅에 들어와서 갑자기 깃발을 꽂고 건국을 선언했다. 제2차 세계대전 당시 독일에 의해 참혹한 죽음을 겪은 유대인들은 자신들을 보호해 줄 국가의 필요성을 절실히 느꼈고, 성경에 나오는 '젖과 꿀이 흐르는 가나안 땅'이라고 불리던 옛 이스라엘 땅에 모이기 시작했다. 하지만 그곳은 이미 수천 년 동안 아랍인들의 삶의 터전이었다. 갑자기 들어와 원래 자신들의 땅이었다고 우기는 유대인들과 그곳의 주인인 아랍인들과의 충돌은 필연적이었다. 이렇게 건국부터 순탄하지 않았던 이스라엘이라는 국가는 뒤쪽으로는 지중해가 버티고 있고,

주변에는 이집트, 요르단, 시리아, 레바논 등 온통 아랍 국가에 둘러싸인 위기의 국가로 자리 잡는다. 이스라엘은 건국 때부터 주변 아랍 민족들과 생존을 위한 전쟁을 여러 번 했다.

특히 1967년의 '6일 전쟁'이라 불리는 제3차 중동 전쟁에서는 압도적으로 불리한 전력에도 불구하고 엄청난 전투력으로 주변의 아랍 국가들을 일방적으로 두들겨 패 준다. 이스라엘의 독립 전쟁이었던 제1차 중동 전쟁과 '수에즈 전쟁'이라고 불리는 제2차 중동 전쟁에서 이스라엘은 아랍국들에 승리했다. 하지만 자존심이 상한 이집트는 호시탐탐 이스라엘을 노리고 있었는데, 다시 전쟁이 시작되려 하자 오히려 공군의 전격적인 기습 공격으로 이집트, 요르단, 시리아를 박살 내 버렸다. 다시 한번 6일 전쟁에서 중동의 쌈닭 이스라엘에 개망신을 당한 이집트와 주변 아랍국들은 복수의 칼날을 갈고 있었고, 세 번의 전쟁에서 승리한 이스라엘은 느슨해지기 시작했다. 시리아와 이집트는 6일 전쟁에서 이스라엘에 패배하면서 골란고원과 시나이반도라는 귀중한 땅을 빼앗겼다. 이집트는 이를 두고 외교 협상을 벌였지만, 이스라엘은 이 요충지들을 내주고 싶어 하지 않았다.

🌐 시월 전쟁의 서막

1973년 10월 6일부터 10월 25일까지 이집트와 시리아가 주축이 된 아랍 연합군과 이스라엘 간에 제4차 중동 전쟁인 '시월 전쟁'이 일어난다. 이 전쟁이 일어난 10월 6일은 유대교의 속죄일인 욤 키푸르Yom Kippur였기 때문에 흔히 '욤 키푸르 전쟁'이라고도 부른다.

한편 이집트와 아랍 연합을 이끌던 나세르Gamal Abdel Nasser의 사망 후에 이집트 대통령으로 선출된 사다트Anwar Sadat는 온건주의자로서 중동 평화 정착을 위하여 노력했지만 뚜렷한 결실을 거두지 못하고 있었다. 이스라엘이 계속해서 이집트 영토였던 시나이반도에서 물러나지 않자 결국 원하지 않았던 전쟁의 길을 택하게 된다.

일단 전쟁을 벌이기로 마음먹은 사디트는 과거 전쟁에서 드러났던 약점을 극복하기 위하여 대대적으로 이집트군을 개혁하기 시작했다. 6일 전쟁 당시에는 이스라엘 공군과 전차부대의 전격적인 기습 작전으로 이집트군은 제대로 싸우지도 못하고 박살 났고, 이집트 공군의 전투기들은 이륙도 못 하고 비행장에서 대부분 격파되었다.

이집트는 무엇보다도 보안에 심혈을 기울이며, 과거 6일 전쟁 때처럼 전쟁을 시작하기도 전에 KO당하는 사태를 방지하고자 엄청난 노력을 쏟아부었다. 또한 이스라엘을 속이기 위해 당장 전쟁을 일으킬 것처럼 몇 번씩이나 가짜 전시 동원령을 발령했는데, 나중에는 이스라엘도 이집트의 동원령을 허풍으로 여길 정도로 방심하게 된다.

심지어 이집트에 심어 놓은 이스라엘 정보기관 모사드Mossad의 최고급 스파이이자 나세르의 사위인 아슈라프 마르완의 직접적인 경고도 흘려들을 정도였다. 그도 그럴 것이 몇 달 동안 마르완으로부터 곧 전쟁이 시작된다는 정보를 받았지만 아무 일도 없었기에 모사드도 귀담아듣지 않았다. 전쟁 하루 전인 10월 5일 전쟁이 내일 시작된다는 정보가 이스라엘의 여성 총리인 골다 메이어Golda Mabovitz에게 보고되지만 이미 늦은 상황이었다.

이집트의 치밀한 계획 덕분에 세계 최고의 정보기관인 모사드도 침략 준비를 완벽하게 예측하지는 못했다. 이스라엘은 이집트와 시리아의 낌새 정도만 눈치채고 있었는데, 전쟁의 낌새가 있다고 해서 6일 전쟁 때처럼 선제공격하는 것은 부담스러운 상황이었다. 이스라엘은 비록 6일 전쟁에서 기습 선제공격으로 큰 승리를 했지만, 먼저 공격한 침략국이라는 낙인이 찍혀 국제사회에서는 왕따였다. 물론 그 와중에도 유대인들의 천국인 미국은 일편단심 이스라엘 편을 들고 있었지만 말이다.

좋지 않은 상황이었지만 이스라엘도 믿는 구석이 있었다. 6일 전쟁 후 이스라엘은 이집트 쪽 시나이반도 방어를 위해 수에즈 운하에 거대한 모래 방벽을 설치했었다. 이 방벽은 이스라엘 참모 총장이었던 바레브의 이름을 따서 '바레브 라인Bar-Lev Line'이라고 불렸다.

이 모래 방벽은 가장 높은 곳이 24m에 달할 정도로 거대했고 많은 요새와 참호, 지뢰밭, 철조망으로 구성되어 있었다. 방벽 뒤

쪽에는 벙커, 박격포 진지, 대공포 진지, 전차부대들이 대기하고 있는 강력한 방어선이 있었다. 이스라엘은 프랑스가 마지노선을 두고 그랬듯 이 방벽을 굳게 믿고 있었지만, 결과적으로 바레브 라인 역시 마지노선처럼 제 역할을 전혀 하지 못했다.

한편 반대편인 북쪽의 시리아 방향에는 골란고원이라는 천혜의 요충지가 있었다. 이스라엘은 이곳에 요새를 구축했고 강력한 기갑 병력이 주둔하고 있었다. 골란고원은 이스라엘이 훤히 내려다보이는 고지대였고 이곳만 넘으면 바로 이스라엘 본토였기 때문에 이스라엘에게 굉장히 중요한 지역이었다. 이스라엘은 이 바레브 라인과 골란고원을 철석같이 믿고 아랍 연합군 측의 전쟁 준비와 위협에 대하여 크게 걱정하지 않았다. 그러나 전쟁의 역사를 살펴보면 어떤 종류의 방심도 치명적인 결과를 불러오기 마련이었다.

⊕ 무너져 버린 이스라엘군

드디어 이스라엘의 공휴일인 10월 6일 이집트군의 바드르 작전Operation Badr이 시작되었다. 이날은 유대교 최대의 명절, 성스러운 속죄일인 욤 키푸르였기 때문에 많은 현역 군인이 부대를 떠나 있어서 기습하기에 최적의 날이었다.

이집트와 시리아의 아랍 연합군은 정확히 계획된 시간에 시나이와 골란고원 양쪽 전선에서 일제히 공격을 개시했고 본인들도 놀

랄 정도로 엄청난 성과를 거두기 시작했다. 이들은 강력한 요새인 바레브 라인과 골란고원의 방어선을 예상보다 손쉽게 돌파했다.

잘 훈련된 8천여 명의 이집트 공병부대와 특수부대는 고무보트를 이용해 기습적으로 운하를 건넜고, 이스라엘이 자랑하던 바레브 라인을 9시간 만에 돌파했다. 이집트 공병부대는 독일산 소방펌프의 강력한 물줄기를 이용해 바레브 라인의 모래 방벽을 순식간에 무너뜨렸다. 안 그래도 적은 병력의 이스라엘 수비대는 순식간에 제압당했다. 전술핵이 떨어져도 끄떡없을 거라고 장담하던 바레브 라인이 물대포에 의해 무너질 것이라고는 누구도 예상하지 못한 일이었다.

순식간에 운하를 건넌 이집트군이 시나이반도를 넘어오는 것을 막기 위해 이스라엘은 보병부대도 없이 급하게 정예 전차부대를 출동시켰지만, 소련제 휴대용 대전차 미사일인 AT-3 새거Sagger 와 RPG-7의 매복에 걸려 전멸에 가까운 피해를 본다. 기존 세 번의 전쟁에서 맹활약했던 무적의 이스라엘 전차부대였지만, 보병부대의 엄호 없이 이동하는 전차부대는 매복한 대전차부대의 손쉬운 먹잇감일 뿐이었다.

10월 8일에 이스라엘군은 더 많은 기갑 병력을 투입했지만, 이집트군의 대전차 미사일부대에 박살이 나고 말았다. 물론 워낙 급박한 탓에 지원 병력 없이 단독으로 출동한 이유도 있지만 이 때문에 귀중한 기갑 전력이 녹아내려 버렸다. 더욱 뼈아픈 것은 안 그래도 인구수가 적은 이스라엘에서 실전 경험이 많던 숙련된 전차병들이 한꺼번에 쓸려나갔다는 점이다.

수많은 젊은 장교와 병사들이 불타는 전차 안에서 비명을 지르며 죽어 갔고, 강철의 전차들은 그대로 이스라엘 기갑병들의 관이 되고 말았다. 이때 시나이반도에 배치된 이스라엘 전차의 절반 이상이 격파당하고 만다. 이때의 교훈으로 이스라엘은 엔진을 전면에 배치해 전차 승무원들의 생존 가능성을 극대화하고, 자체 보병 탑승 능력까지 갖춘 떡 장갑을 두른 '메르카바Merkava'라는 주력 전차를 개발하여 지금까지도 사용하고 있다.

한편 전쟁이 터지자 이집트군을 저지하기 위해 출동한 이스라엘 공군도 이집트군의 지대공 미사일인 SA-6, SA-7, 쉴카 자주 대공포 등의 강력한 대공 화망에 걸려들었다. 이들은 하루 만에 공군 전 보유 대수의 10분의 1이 격추당하며 궤멸적인 타격을 입었다. 이 추세라면 열흘 안에 이스라엘 공군은 전멸될 판이었다. 이스라엘 전투기 1기당 많게는 5발 이상의 SA-6 지대공 미사일들이 달라붙었고, 이를 피하고자 저공으로 도망치면 쉴카 자주 대공포가 기다리고 있었다. 중동 최고의 실력을 갖춘 이스라엘 공군이었지만 이 정도 피해 앞에서는 겁먹을 수밖에 없었고, 어쩔 수 없이 육군에 대한 지원을 포기했다.

이집트는 바레브 라인을 돌파했으면서도 시나이반도를 통과해 이스라엘 본토로 들어가는 공격을 시도하지 않았다. 그들은 1차 작전 목표인 수에즈 운하를 확보한 후 오히려 이스라엘의 반격에 대비해 방어선을 구축하기 시작했다. 물론 이집트는 이스라엘과의 전쟁을 더 키우기보다는 수에즈 운하 확보가 목표였을 것이다. 하지만 이스라엘이 우왕좌왕하던 전쟁 초기였고 승기를 잡고 있던 이때 좀 더 전진했으면 승리를 위한 확실한 발판을 만들 수 있었을지도 모른다.

시리아군의 공격을 받은 골란고원도 상황은 절망적이었다. 잘 구축된 골란고원의 요새들은 나름 효과적으로 시리아군의 공격을 방어하였지만, 요충지였던 헤르몬산의 관측소를 시리아군의 특수부대에 빼앗기고 보유 중이던 많은 전차가 파괴되었다. 이스라엘군은 파괴된 전차들까지 회수하고 수리하면서 밤새 시리아군과 치열한 전차전을 벌였다.

이집트군이 공격한 반대편의 시나이반도는 중간에 넓은 사막이 존재하기 때문에 돌파하는 데 시간이 걸리지만, 골란고원은 돌파당하면 바로 이스라엘 중심이었기 때문에 매우 치명적이었다. 이 골란고원을 지키기 위해 출동한 이스라엘의 스카이 호크 전투기들도 시나이반도와 마찬가지로 시리아군의 강력한 대공 화망에 걸려 극심한 피해를 보고 있었다. 골란고원의 상황이 얼마나 급박했는지 이스라엘은 팬텀 전투기 1개 대대에 핵폭탄 13발을 장착한 채 골란고원이 뚫리는 순간이 오면 핵을 사용해서라도 시리아군을 막으려고 하였다.

이스라엘은 아랍 연합군의 엄청난 진격 속도와 전투력에 당황했다. 이스라엘은 개전 초반 1,700여 대의 기갑차량이 파괴됐을 뿐만 아니라 굳게 믿었던 바레브 라인과 골란고원이 순식간에 무너진 것에 큰 충격을 받았다. 개전 이틀 만에 이스라엘군 17개 여단이 괴멸되었고, 이스라엘이 자랑하는 공군 역시 강력한 대공 화망에 걸려 많은 수의 전투기와 조종사를 잃었다.

⊕ 미국의 개입

초유의 사태에 직면한 이스라엘 정부는 마지막 보루인 미국에 매달릴 수밖에 없었다. 이스라엘의 골다 메이어 총리는 무작정 미국으로 날아가 리처드 닉슨 대통령과 국무 장관인 헨리 키신저의 바짓가랑이를 붙잡고 살려 달라고 눈물로 호소했다.

이미 미국도 이스라엘이 만약을 대비해 전술 핵무기를 조립하고 있을 정도로 급박하다는 것을 알고 있었다. 물론 이스라엘이 핵폭탄을 공개적으로 조립한 것은 더 급해지면 핵을 쓸 수도 있으니 미국에 도와 달라고 시위하는 일종의 쇼였다.

미국은 과거에 비추어 이스라엘이 압도적으로 승리할 것으로 예상했지만, 전세가 아랍 연합군에게 유리하게 돌아가며 장기화 조짐이 보이자 급하게 지원을 결정했다. 미국은 자국의 신형 무기들을 이스라엘로 긴급 공수하고 첩보 위성으로 아랍군의 동태를 알려 주기 시작했다. 미국은 한 달여간의 니켈 그라스 작전 Operation Nickel Grass을 통해 막대한 양의 최신 무기와 탄약들을 이스라엘로 공수했다. 공장에서 막 나온 따끈따끈한 최신의 패튼 전차, 팬텀 전투기를 포함한 대규모 전차와 항공기, 정밀 유도 병기들이 이스라엘로 흘러 들어갔다. 미국의 장비 지원을 등에 업고 마지막 예비 병력까지 박박 긁어모은 이스라엘군은 먼저 골란고원에서 시리아군에 대한 회심의 반격을 시도한다.

골란고원의 방어선을 담당한 정예부대인 이스라엘 제7 기갑여단, 그중에서도 카할라니Avigdor Kahalani 중령이 이끈 제77 기갑대대는 10대 1이라는 수적 열세에도 혈전 끝에 시리아군 기갑부대를 기적적으로 격퇴하였다. 살아남은 이스라엘군의 전차 중에 멀쩡한 전차가 1대도 없을 정도로 치열한 전투였다. 골란고원에서 완전히 박살 난 시리아군은 수백 대의 전차를 버리고 도망간다. 이제는 오히려 이스라엘군이 시리아의 수도인 다마스쿠스로 진격하는 상황으로 역전되었다. 골란고원에서 다마스쿠스까지는 50km밖에 되지 않았다.

반대편 시나이반도의 이집트군은 골란고원에서 죽을 쑤고 있는 시리아 때문에 어쩔 수 없이 이스라엘로 진격을 개시했다. 이집트군이 공세를 취해 주어야 반대편 시리아군에 대한 압박이 줄어들기 때문이었다. 현장의 이집트군 지휘관들은 이스라엘 공군을 막아 주던 지대공 미사일의 보호막을 벗어나 전진하라는 명령에 반발했다. 하지만 이집트로서는 시리아가 항복해 버리면 다음으로 자신들에게 이스라엘 병력이 집중될 것이 뻔했기 때문에 진격할 수밖에 없었다.

하지만 이집트군은 소강상태 기간에 전력을 가다듬고 대기하고 있던 이스라엘 기갑부대와의 정면 대결에서 박살 나 버렸다. 16일 새벽, 후에 이스라엘의 총리가 되는 아리엘 샤론Ariel Sharon 소장이 이끄는 기갑부대가 수에즈 서안으로 밀고 들어가 오히려 이집트의 주력 병력을 포위한 것이다. 사실상 전쟁 초반 이집트군의 승리는 이스라엘군의 방심과 기습에 의한 효과가 컸기에 준비된 이스라엘군과의 정면 대결에서는 상대가 되지 않았다. 다급해진 이집트가 먼저 이스라엘과의 외교 협상에 응했고, 이미 수도까지 위태위태해지며 만신창이가 된 시리아가 뒤따르면서 이스라엘을 멸망 직전까지 몰아넣었던 제4차 중동 전쟁이 끝나게 된다.

이스라엘은 수에즈 운하의 이집트군 주력 병력을 포위 섬멸하여 본때를 보여 주고 시리아의 수도인 다마스쿠스까지 진격하고 싶은 마음은 굴뚝같았다. 하지만 더 이상 전쟁이 지속되는 것을 원하지 않았던 미국과 소련의 개입으로 물러서게 된다. 중동의 강자인 이스라엘과 이집트였지만, 그 뒤의 미국과 소련이라는 큰 형님들이 있었기에 그들의 반대를 거스를 수는 없었다.

◉ 욤 키푸르 전쟁, 그 이후

이스라엘은 극적으로 대역전극을 펼치며 승리하였다. 하지만 6일 전쟁에서의 승리로 자아도취에 빠져 있던 이스라엘의 방심은 치명적이었고 이스라엘 젊은이들의 피로 그 대가를 치렀다. 전쟁 전 보였던 수많은 전쟁의 조짐을 이스라엘 정보부가 왜 그렇게 철저히 무시했는지는 지금도 미스터리이다. 욤 키푸르 전쟁에서 이스라엘은 전사자만 2,800명이 넘었고 전쟁에 제대로 대비하지 못했다는 비난 여론이 빗발쳤다. 전쟁 전까지는 이스라엘 건국의 영웅으로 추앙받던 애꾸눈의 모세 다얀 국방 장관은 결국 쫓겨나게 된다. 이스라엘은 이 전쟁 후 온건파인 노동당이 무너졌고, 군사 전략도 훨씬 공격적으로 변하였으며 미국의 최신 무기들도 적극 도입했다. 생존이 절박해진 것이다.

욤 키푸르 전쟁의 최대 수혜자는 이집트였다. 비록 마지막에 수세에 몰리긴 했지만 사실상 전쟁 내내 이스라엘을 몰아붙이며 괴멸적인 피해를 줬다. 이후 욤 키푸르 전쟁 발발일인 10월 6일은 이집트 국군의 날로 지정되기도 했다. 협상 테이블에서도 이집트는 당당했고 이후 협상을 통해 1982년에 시나이반도도 완전히 되찾아 온다. 이 전쟁을 이끌었던 이집트의 사다트는 이스라엘과 평화 협정으로 1978년에 노벨 평화상까지 수상하지만, 1981년 이스라엘과의 평화에 반대한 과격주의자에게 암살되고 만다.

20일간 치열한 전투를 벌이고 휴전에 이른 이 전쟁의 결과, 수에즈 운하 동안과 골란고원에는 휴전선이 형성되었고, 이곳에 유엔군이 주둔하며 완충 지대를 만드는 것으로 결론이 났다. 이스라엘은 지금도 많은 문제를 안고 있으며 언제 터질지 모르는 중동의 화약고이다. 지금도 이스라엘과 팔레스타인은 불안한 동거를 이어가고 있고, 주변 아랍국들 역시 이스라엘의 우방이 아니다. 이스라엘이 지금의 자리에 존재하는 이상 언제 다시 전쟁이 터져도 이상하지 않다. 이스라엘 역시 국가의 생존을 위해 모든 수단을 동원할 생각인 것을 욤 키푸르 전쟁에서 이미 보여줬다. 국가 간의 이익 관계와 정치적 부담, 인권이라는 말들은 생존이라는 명제 앞에서는 아무 의미 없는 단어들이다.

국가를 지키는 마지막 보루인 군대는 언젠가 있을지도 모르는 한 번의 결전을 위해서 존재하는 조직이다. 이스라엘과 마찬가지로 우리나라도 항상 북한이라는 적과 대치하고 있고 완전한 징병제로 군대가 조직된다. 현대전에서 한 번의 방심이 얼마나 파괴적인 결과를 초래하는가는 욤 키푸르 전쟁에서 충분히 알 수 있다. 그 한 번의 방심이 우리나라라고 없으란 법은 없다.

1975.4.30.
제2차 인도차이나 전쟁 종전

1975.5.12.
마야게스호 피랍 사건

마야게스호 구출 작전
베트남에서의 마지막 작전

　　1973년 미국은 베트남이라는 지긋지긋한 악몽에서 드디어 발을 빼고 있었다. 어디에 붙어 있는지도 잘 몰랐던 동남아시아의 작은 나라에서 10년 동안 허우적대던 미국은, 자존심은 상했지만 이제 베트남에서 싸울 명분도 여력도 없었다. 대부분의 미군 병력은 1973년에 공식적으로 철수하였고 이어서 파월 한국군도 철수하였다. 1975년 5월 공산주의 북베트남이 미국의 지원을 받던 남베트남을 완전히 점령하면서 드디어 베트남 전쟁이 끝났다. 베트남 민족으로서는 프랑스에 이어 미국이라는 초강대국과의 전쟁에서 승리한 역사적인 순간이었다.

하지만 불행하게도 베트남과 미국의 끈질긴 인연은 아직 끝나지 않았다. 미국에게는 한 번의 악몽이 더 남아 있었는데, 바로 1975년에 일어난 미국의 상선 마야게스SS Mayaguez 납치 사건이다. 이 마야게스호를 구출하기 위해 베트남에서 철수한 미군은 마지막 공식 작전인 마야게스호 구출 작전을 벌이게 된다. 물론 이후로 비공식적인 작전이 얼마나 베트남에서 이루어졌는지는 알 길이 없다.

◈ 마야게스호 납치 사건

1975년 5월 12일 오후 베트남의 사이공 함락 직후 마야게스호가 RPG-7 대전차 로켓을 쏘며 위협하던 캄보디아군 경비정에 납치당하는 사건이 발생했다. 마야게스호라는 이름의 이 배는 39명의 승조원이 타고 있던 미국 민간 상선으로, 일반 화물 외에도 미국 대사관의 예민한 기밀 물자를 선적한 채 태국으로 향하고 있었다.

베트남과 국경을 맞대고 있던 캄보디아는 당시 자국민 2백만 명을 잔인하게 학살한 킬링 필드 사건으로 악명 높은 크메르 루즈Khmer Rouge 정권이 장악하고 있었다. 캄보디아는 베트남 전쟁 당시에 미국을 지원하였지만, 남베트남이 패망하면서 공산주의 정권인 크메르 루즈에게 넘어간 상태였다. 캄보디아군은 마야게스호가 자국의 영해를 침범해서 스파이 짓을 한 간첩선이라고 주장했지만, 미국은 해당 해역을 국제 수역이라고 주장하며 오히려 캄보디아가 해적질을 했다고 항의했다.

다행히 납치되기 직전 마야게스호에서 보낸 SOS 신호가 미국에 전달되었고, 미국 대통령이던 제럴드 포드Gerald Ford는 이 사건이 세계 최강대국인 미국에 대한 중대한 도발이라고 생각했다. 안 그래도 베트남 철수 때문에 자존심에 금이 많이 간 미국은 이젠 캄보디아 같은 작은 나라까지도 미국을 무시한다는 생각이 들어 본때를 보여 주고자 했다. 게다가 마야게스호의 일로 7년 전에 있었던 푸에블로호USS Pueblo 납치 사건의 악몽이 되살아났다. 1968년 동해상에서 정찰 활동을 하던 미 해군의 정보함 푸에블로가 북한에 강제 나포된 사건이 일어났다. 이때 미국은 적극적으로 군사력을 동원하지 않고 미지근하게 대응하다가 이후 열한 달 동안 북한에 끌려다니며 인질극을 당했다.

하지만 이번에는 달랐다. 미국은 즉각적인 대규모 구출 작전 계획을 세우고 행동에 옮겼다. 베트남 전쟁에서 패배하며 좋지 않은 결과를 낳았지만 미국은 여전히 미국이었고, 이들은 전 세계 어느 곳에서나 유사시에 긴급 전개할 수 있는 병력을 가지고 있는 유일한 국가였다.

우선 호주에 있던 미 항공모함 코럴시Coral Sea가 해당 지역에 급파됐고, F-111 전폭기, A-7 공격기, AC-130 건쉽, P-3 오라이온 해상 초계기, CH-53 구조 헬리콥터 등의 막강한 항공 전력과 2척의 구축함 그리고 일본 오키나와 주둔 해병대까지 동원해서 구조대를 편성했다. 이 정도면 동네 깡패 정도인 크메르 루즈를 실컷 두들겨 패고도 남을 전력이었다.

◈ 미국의 수색 구조 작전

5월 13일 해상을 수색하던 P-3 초계기가 나포되어 이동하던 마야게스호의 위치를 찾아냈다. 마야게스호는 캄보디아 본토 근처인 코탕섬Koh Tang Island 방향으로 끌려가고 있었다. 긴급 발진한 F-111 전폭기와 F-4 팬텀기들이 마야게스호 상공을 위협적으로 선회하며 캄보디아 본토로 이동하지 못하게 배 주변에 위협 사격을 가하기 시작했다. 하지만 또 다른 소형 함정이 마야게스호 승조원으로 보이는 사람들을 코탕섬으로 끌고 갔다는 보고가 들어온다.

인질들이 캄보디아 본토로 끌려가는 것을 걱정한 미국은 코탕섬으로 접근하는 모든 선박을 공격하라는 명령을 내렸고, 5월 14일에는 미군기들의 공격으로 캄보디아군 초계정이 코탕섬 인근에서 격침되기도 한다.

이렇게 마야게스호를 캄보디아 본토로 이동하지 못하게 잡아둔 미군은 2개의 구조팀을 편성한다. 68명으로 이루어진 구출팀은 나포된 마야게스호를 탈환하고, 2백여 명으로 이루어진 강습 구조팀은 승조원들이 억류된 것으로 예상되는 코탕섬으로 강습하여 인질들을 구출하기로 계획한다.

하지만 5월 13일 저녁 작전 실패의 암시였는지, 구출 작전을 위해 이동하던 미 공군의 CH-53 헬리콥터 1대가 기체 고장으로 추락하는 사고가 발생하였다. 이 사고로 18명의 공군 헌병대 병력과 5명의 승무원이 전원 사망하면서 작전이 일시 중단되었다.

5월 15일 아침 6시 항공모함에서 이륙한 미 해군의 A-7 공격기들이 바다 위에 떠 있던 마야게스호에 최루 가스를 투입하며 탈환 작전의 시작을 알렸다. 미 해군 구축함 홀트에 대기하던 해병대원들이 마야게스호로 돌입하였으나, 예상과 달리 배는 텅 비어 있어 적의 저항 없이 마야게스호를 안전하게 탈환하게 된다.

이후 적의 공습을 경계하며 초계 비행 중이던 정찰기가 승조원들이 타고 있던 작은 선박을 발견하였고, 마야게스호 승조원들도 전원 무사 구출하였다. 여기서 모든 작전이 끝났다면 해피 엔딩이었겠지만 현실은 그렇지 않았다.

사실 작전 시작 전, 미국의 예상치 못한 화끈한 대응에 겁을 잔뜩 먹은 캄보디아가 라디오를 통해 마야게스호와 승조원들을 석방할 것이라고 발표하였다. 하지만 이를 믿지 않은 미국 정부는 작전을 강행했다. 만약 이때 작전을 중지했으면 이후에 벌어질 비극은 없었을 것이다.

🎯 코탕섬의 비극

이 작전의 진짜 비극은 지금부터다. 5월 15일 아침 6시 12분 3대의 HH-53 헬리콥터와 제21 특수작전대대 소속의 CH-53 헬리콥터 5대에 탑승한 강습팀의 작전이 시작되었다. 하지만 미국은 결정적으로 적들의 규모와 무장을 완전히 잘못 파악하고 있었다. 코탕섬에는 기껏해야 소대 병력, 그것도 게릴라 수준의 무장을 한 수비 병력 정도만 있을 거라고 예상했지만, 실제로는 대공화기를 포함한 2백여 명 이상의 중무장한 병력이 기다리고 있었다. 이는 구출 강습팀의 병력보다 많았다.

코탕섬에는 당시 사이가 좋지 않았던 베트남으로부터 섬을 방어하기 위해 잘 훈련된 캄보디아 정규군이 주둔하고 있었고, 섬 주변은 해안 진지와 대공포로 잘 무장되어 있었다. 코탕섬으로 들어가기 전 정찰기가 적의 대공화기를 발견하고 보고했지만, 상부에서는 이 보고를 무시하고 작전을 강행했다. 그 대가는 처절했다.

결과적으로 코탕섬으로 돌입하던 1차 공격대의 헬기들이 3대나 격추되고 나머지 헬기들도 대부분 대공화기에 피격되어 구사일생으로 불시착한다. 헬기들은 착륙할 때 속도를 줄일 수밖에 없는데 캄보디아군은 교묘하게 이 취약한 순간을 노려 집중 공격하였다. 이때 강습팀에 많은 사상자가 발생하게 된다.

먼저 기만 전술을 위해 서쪽으로 접근하던 CH-53 헬기, 콜 사인 나이프 21은 적들의 사격에도 불구하고 해변가에 해병대원들을 내려 준 후 가까스로 이륙하였다. 하지만 엔진이 피격되어 얼마 가지 못하고 바다에 추락하고 말았다. 또 다른 헬기인 콜 사인 나이프 22는 연료 탱크가 피격되는 바람에 강습 병력을 내려 주지도 못하고 겨우 근처의 태국으로 돌아와서 해안가에 불시착하게 된다.

한편 주력 병력을 태우고 동쪽으로 접근 중이던 6대의 헬기들은 더욱 치명적인 피해를 본다. 콜 사인 나이프 31은 조종석 쪽에 RPG-7 대전차 로켓을 2발이나 얻어맞고 연료 탱크에 불이 붙은 채 바다 위로 추락했다. 이 충돌로 해군 2명과 해병대원 10명이 전사하였고, 헬기의 나머지 생존자들도 구조될 때까지 바다 위에서 2시간 넘게 버텨야 했다.

콜 사인 나이프 23은 RPG-7에 맞아 추락하며 꼬리 날개 부분이 날아가 버렸다. 20여 명의 해병대원은 기적적으로 해변에 상륙했지만 이들은 이후 12시간이나 고립된 채 전투를 치르게 된다.

1차 공격대가 격렬한 저항에 고전하자 미군 지휘부는 교두보를 확보한 서쪽 해안에 추가 병력을 집중하게 된다. 이후 AC-130 건쉽과 A-7 공격기들의 지원 그리고 상륙한 해병대원들의 악전고투 끝에 추가 병력이 서쪽 지역에 착륙했다. 그러나 적들의 집중 공격에 고립되어 동쪽 해안에 상륙해 있던 병력과 합류하지 못하게 된다.

코탕섬 강습에 투입되었던 1차 공격대 헬기 8대 중 3대가 격추되고 4대가 대파되어 작전을 지속할 수 없었고, 2차 공격대로 120여 명의 병력이 추가되었지만, 적들의 강력한 화력에 코탕섬에 쉽게 착륙하지 못하고 있었다.

이날 오후 미군 지휘부는 마야게스호와 승조원들을 되찾았다는 소식에 작전 중지를 결정했고, 작전은 마야게스호 승조원 구출 강습 작전이 아닌 코탕섬에 고립된 병력의 구출 작전으로 바뀌게 된다. 구출하러 간 병력을 구출해야 하는 최악의 상황이 되어 버린 것이다.

급해진 미국은 주변의 구축함들과 항공 병력, 피격된 헬기들까지 총동원하며 필사적으로 코탕섬 병력의 철수 작전을 진행한다. 캄보디아는 미국에 비하면 약소국이었지만 자국 영토에 쳐들어온 적들을 쉽게 보내 줄 리가 없었다. 날이 지고 어두워진 해변가에서 미군 헬기 조종사들은 적들의 대공 사격에 피격되면서도 필사적으로 해병대원들을 구출하였다.

저녁 8시 20분경 혈투 끝에 모든 병력을 코탕섬에서 안전하게 구출했다고 생각하고 있던 찰나였다. 갑자기 자신들을 구조하러 오는 헬기는 언제 도착하는지 묻는 무전이 들어온다. 이들은 해안가 경계선에 배치되어 있던 3인조 M60 기관총 팀원이었던 상병 조셉 하그로브, 일병 개리 홀, 이병 대니 마셜이었다. 혼란스럽고 급박한 철수 과정에서 이들을 빼먹고 온 것이었다. 구조를 위해서 바다로 헤엄쳐 나오라고 했지만, 1명만 수영이 가능하다는 무전을 끝으로 이들의 연락은 끊기고 말았다.

⊕ 미국의 끝나지 않는 악몽, 베트남

다음 날 아침 주변을 수색하였지만 결국 3명의 해병대원을 찾지 못했다. 현장 지휘관은 좀 더 적극적인 수색을 하려고 했지만, 이미 마야게스호와 승조원들은 구출된 상태였고, 구출 병력이 큰 피해를 본 상황에서 전투가 커질 것을 우려한 지휘부는 철수를 명령했다. 이로써 베트남에서의 미국의 마지막 공식 작전이 끝이 났다. 그러나 베트남 전쟁의 그림자는 마지막까지 미국을 발목을 잡았다. 끝내 찾지 못했던 3명의 해병대원은 포로가 되어 잔인하게 처형당했으며 해변에 매장되었다고 전해진다. 그리고 최근까지도 코탕섬 근해에서 전사자들의 유해 발굴 작업이 진행되고 있다.

베트남전은 처음부터 마지막까지 미국에게 악몽이었다. 마야게스호 구출 작전은 비교적 덜 알려진 작전으로, 미국이 베트남에서 구겨질 대로 구겨진 자존심을 만회해 보려다 오히려 더 망한 경우라고 할 수 있다. 작전 실패의 가장 큰 원인은 당연히 정보 부족이다. 무리한 작전 강행으로 실종자 포함 41명이 전사했고 50여 명이 부상을 당했으며 3대의 헬기가 격추되었다. 애초에 납치된 마야게스호의 승조원이 39명이었는데, 구출 팀이 인질보다 더 많이 희생된 어이없는 작전이 되고 말았다. 미국은 어쨌든 마야게스호와 승조원들을 모두 안전하게 구출했으니 성공한 작전이라고 대대적인 언론 플레이를 했지만, 실질적으로는 너무나 불필요한 희생을 치른 작전이었다.

마야게스호 구출 작전에서 교훈을 얻은 미국은 각종 정찰기, 위성, 드론과 같은 무기에 상상을 초월하는 비용을 투자하기 시작한다. 이제 미국의 전쟁은 24시간 정찰 자산을 공중에 띄워 놓으며 공중을 먼저 장악하는 방식으로 바뀌었다. 전장의 상황을 밤낮으로 전부 내려다보고 있는 미국은 당연히 전투에서 질 수가 없다. 미국이 항상 이기는 이유는, 이길 수밖에 없는 전장 상황을 만들어 놓고 전쟁을 시작하는 것에 있지 않을까?

SPECIAL
오퍼레이션 레드 윙스 2005. 6. 27.
— 네이비 실의 대참사

네이비 실Navy Seal은 미국의 대표적인 특수부대로 수많은 영화나 드라마에서 자주 등장한다. 가끔은 과장되기도 하지만 주로 어려운 상황에서도 완벽하게 임무를 완수하는 최고의 특수부대로 묘사된다. 물론 네이비 실이 현재 세계 최고의 특수부대인 것도 맞다.

천문학적인 비용과 시간을 들여 탄생한 미국의 특수부대원은 개개인이 인간병기 수준으로 알려져 있다. 이들은 최고 수준의 장비와 지원을 받으며 각종 비밀스러운 임무들을 수행하는데 그만큼 위험에 자주 노출되기도 한다. 하지만 이런 무적일 것만 같은 네이비 실과 미국 특수부대들도 실패한 임무가 있었고, 아프가니스탄에서 벌어진 레드 윙스 작전Red Wings Operation은 가장 피해가 컸던 작전으로 유명하다.

2003년 이라크에서 다시 전쟁이 발발하면서 아프가니스탄을 향한 관심은 줄어들고 있었다. 아프가니스탄의 미군 병력은 감소하고 있었으며, 이때다 싶었던 탈레반은 다시 세력을 키우기 시작했다. 그중에서도 가장 큰 골칫거리는 파키스탄과 아프가니스탄 접경 지역의 탈레반들이었다. 연합군을 향한 이들의 공격은 점점 과감해졌고, 미군을 비롯한 연합군의 피해는 계속 늘어나고 있었다. 미군은 대규모 병력 대신 소규모 특수부대를 이용해 적의 지휘부나 보급 거점을 타격하는 작전으로 대응했다.

당시 아프가니스탄에 배치되었던 미 해군의 실 10팀은 오사마 빈 라덴의 측근인 아흐마드 샤Ahmad Shah라는 고가치표적의 제거 임무를 담당하게 되었다. CIA가 아흐마드 샤의 위치를 알아내자 본격적으로 실 팀의 작전이 시작된다.

2005년 6월 27일 MH-47 치누크 헬리콥터가 실 팀 정찰대원 4명을 싣고 아흐마드 샤가 은거해 있다는 파키스탄 접경을 향하여 이륙했다. 이들의 임무는 아흐마드 샤와 탈레반의 정확한 위치를 확인하여 아군 타격부대를 불러들이는 것이었다.

이들은 발각되지 않기 위해 목표 지점에서 먼 곳에 착륙한 후 7시간 동안 산악 지형을 행군하여 목표 지점에 도착해서 비밀 아지트를 만들어 은신했다. 하지만 이때부터 불길한 징조가 보이기 시작했다. 험악한 아프가니스탄의 산악 지형에서 본대와의 통신이 원활하지 않았다. 적진 후방에 소규모로 투입된 특수부대에 통신 장애는 치명적일 수밖에 없고 실 정찰팀도 이를 피해 갈 수 없었다.

6월 28일 12시 20분경 정찰팀의 운명을 결정하게 되는 사건이 발생한다. 나무를 베기 위해 산에 올라온 성인 남성 2명과 어린이 1명에게 정찰팀의 은신처가 발각된 것이다. 이들을 사로잡은 대원들은 고민에 빠지게 된다. 미군의 교전수칙에 의하면 민간인인 이들을 풀어 줘야 하지만, 이들을 풀어 준다면 작전 실패는 물론, 자신들의 존재가 탄로 나 위험해질 확률이 높았다. 하지만 민간인을 사살하는 것은 비윤리적일 뿐만 아니라 군법회의에 회부 되는 민감한 사안이었다. 대원들은 이들의 생사 여부를 놓고 투표했고, 풀어 주자 2명, 사살 1명, 기권 1명으로 이들을 풀어 주게 된다. 하지만 이 결정은 이후 정찰팀에게 치명적인 결과를 가져오고 만다.

이들의 걱정은 현실이 되고 말았다. 민간인들을 석방한 지 1시간쯤 지나자 탈레반 전투원들이 나타난 것이다. 정찰팀은 이미 위치를 이동한 상태였지만, 적들은 정찰팀의 존재를 알고 접근하고 있었다. 대규모의 탈레반 병력은 정찰조가 있던 산을 빠르게 포위하였다. 소규모 정찰팀 특성상 보유한 화력이 빈약했고 결정적으로 무전기가 먹통이라 본대에 구조 요청을 할 수도 없는 암울한 상황이었다.

치열한 총격전이 시작되었고 엄청난 화력 차이에도 불구하고 정찰팀은 후퇴하면서 끈질기게 버티고 있었다. 하지만 탈레반들은 점점 포위망을 좁혀 오고 있었고, 구조팀이 빨리 오지 않으면 정찰팀은 전멸할 것이 뻔했다. 정찰팀은 후퇴하면서 무전으로 애타게 구조 요청을 했지만 무전은 계속 먹통이었다. 대부분의 대원이 총상 등의 심각한 부상을 입었다. 실 팀의 머피 대위는 복부에 총상을, 디츠 하사는 총탄에 오른쪽 손가락이 날아가 버린 상태였다. 이때 팀장인 머피 대위는 중요한 결심을 했다. 그는 부상에도 불구하고 위험을 무릅쓰고 고지대로 올라가 무전기가 아닌 위성전화로 본대에 구조 요청을 보내는 데 극적으로 성공했다.

실 정찰팀은 불리한 상황에서도 처절하게 싸우고 있었지만 전투의 끝이 보이고 있었다. 2시간의 치열한 교전 끝에 머피 대위를 비롯한 3명의 대원이 전사했다. 오직 러트렐 중사만이 심한 부상을 당한 채로 약 11km 정도를 이동하여 위기를 벗어났지만, 그도 이동 중 벼랑에서 떨어져 기절했다.

이 작전의 비극은 여기서 끝이 아니었다. 구조 요청을 접수한 본대에서는 10팀 팀장인 에릭 크리스텐슨 소령이 이끄는 신속대응부대가 급하게 출동했다. 고된 훈련들과 생사를 넘나드는 작전을 같이 수행한 특수부대원들의 전우애는 무엇과도 비교할 수가 없었기에 동료들이 적에게 포위되었다는 소식을 들은 이들은 마음이 급했다. 구출 작전을 위해 16명의 실 팀 대원들이 제160 특수작전항공연대 소속 MH-47 특수전 헬기 2대에 분승했고, 지원 병력을 태운 블랙호크 헬기 4대, 호위용 아파치 헬기 2대도 출동했다. 그러나 호위 헬기들은 MH-47 치누크의 속도와 고도를 따라잡지 못했고, 결국 크리스텐슨 소령은 급한 마음에 호위기들을 기다리지 않고 먼저 구조 지역으로 진입을 결정했다.

하지만 영악하게도 탈레반은 미군이 동료들을 구출하러 올 것을 예상하고 산 중턱과 언덕에서 기다렸다는 듯이 치누크 헬기에 대공 사격을 가했다. 이때 탈레반이 쏜 RPG 로켓 1발이 접근하던 치누크 헬기 1대의 후방 로터에 명중했고, 비틀거리던 치누크는 벼랑 끝에 불시착했다. 하지만 갑자기 기울어지며 그대로 절벽 아래로 굴러떨어지면서 폭발하고 말았다. 호위기들이 도착하기도 전에 순식간에 벌어진 일이었다. 결국 기체가 그대로 폭발하면서 탑승했던 16명의 특수부대원 전원이 사망하는 대참사가 벌어진다. 미국 특수부대 역사상 사상 최악의 참극이 발생한 것이다.

한편 중상을 입은 러트렐은 자포자기한 상태였지만 그에게는 다른 동료들과 다르게 행운이 따라 주었다. 절벽 아래로 떨어져 기절한 러트렐을 발견한 사람은 모하메드 굴랍Mohammad Gulab Khan

이라는 아프가니스탄인이었다. 그는 러트렐을 안심시키고 자신의 마을로 데려가 치료해 주고 보살펴 주었다. 굴랍은 '내 집에 들어온 손님은 끝까지 지킨다.'라는 파슈툰왈리 부족의 오랜 전통에 따라 마을에 들어온 러트렐을 탈레반으로부터 보호해 준 것이다. 아이러니하게도 러트렐과 정찰팀은 민간인에게 발견되는 바람에 이 지경이 되었지만, 러트렐은 또 다른 민간인 덕분에 목숨을 건지게 되었다.

7월 2일 굴랍이 있던 마을의 장로가 인근의 미 해병대 기지를 찾아가 러트렐의 구조 요청 메모를 전달하며 그의 생존 소식이 미군에게 알려졌다. 러트렐을 찾기 위한 대규모 탐색 작전을 펼치고 있던 미군은 구조 요청 메모를 받고 육군 특수부대 그린베레와 각종 항공기를 동원한 대규모 구출 작전을 펼쳤다. 마침 러트렐의 존재를 알고 마을을 포위하려던 탈레반과 교전이 벌어지지만, 러트렐 중사는 극적으로 구조되며 이 작전은 마무리된다. 이후 이 작전 내용을 바탕으로 영화 〈론 서바이버〉가 제작되었다.

1979
이란 혁명

1979.11.4.
이란 인질 사태

1980.4.24.
독수리 발톱 작전

독수리 발톱 작전

델타포스의 헛발질

세계 초강대국 미국은 이름도 다 외우지 못할 만큼 다양한 종류의 특수부대를 거느리고 있다. 그중에서도 미 육군의 델타포스Delta Force는 특수부대 안에서도 가장 은밀한 작전을 수행하는 소수 정예부대이다.

델타포스는 미 육군 특수부대 그린베레 출신의 찰스 베크위드Charles Beckwith 대령이 영국 특수부대 SASSpecial Air Service를 모델로 1977년에 창설했다. 델타포스는 전투적응단CAG, Combat Applications Group, 더유니트The UNIT, 디보이즈D-boys 등의 여러 가지 별명으로 불리지만 공식적인 이름도, 부대 마크도 없으며 한때는 미국 정부에서조차 존재 자체를 부인했던 비밀스러운 부대이다.

미국 특수전사령부 휘하의 특수부대는 등급Tier을 매겨 운영하는데, 델타포스는 미국의 대표적인 티어 1급 부대로 전 세계 특수부대 중에서도 최고로 불린다. 장비면 장비, 대원 개개인의 능력이면 능력 등 모든 면에서 뛰어나며, 대원 역시 미 육군의 그린베레나 미 해군의 데브그루Devgru 같은 타 특수부대에서 선발한 베테랑들만 모이는 곳이다. 참고로 미군의 또 다른 티어 1급 부대로는 해군의 데브그루, 공군의 제24 특수전술대대 등이 있다.

델타포스 대원들의 신원과 작전 내용은 철저하게 기밀이며 소위 국가에서 지시하는 지저분한 임무도 수행하는 것으로 알려져 있다. 지금은 이런 어마어마한 포스를 자랑하는 델타포스지만, 임무가 겹치던 기존 특수부대와의 마찰 속에서 태어난 이들이 세계 최고의 특수부대가 될 것이라고 예상한 사람은 많지 않았다.

🎯 델타포스의 화려한 데뷔 무대

1979년 이란에서 혁명이 일어나 친서방 정책을 펼치며 미국과 돈독한 관계를 유지하던 팔라비 왕조가 무너지고 이슬람주의의 호메이니Ayatollah Ruhollah Khomeini가 집권하게 된다. 부패했던 팔라비 왕조를 무너뜨린 이란 국민은 그동안 팔라비 왕조를 지지하던 미국에 대해 큰 반감을 가지고 있었다.

이란 내에서는 미국으로 피해 있던 팔라비 국왕의 신병인도를 요구하며 연일 반미시위가 일어나고 있었고, 이런 어수선한 상황에서 1979년 11월 4일 초유의 사건이 터지고 말았다. 이란의 테헤란에서 반미시위를 벌이던 과격파 학생 시위대가 미국 대사관으로 난입하여 대사관을 점거하는 사태가 발생한다. 대사관에 있던 외교관 52명이 인질로 억류되자 미국은 강경 대응을 선언하였고, 미국과 이란은 돌아올 수 없는 강을 건너게 된다. 대사관은 국제법에 따라 본국 영토로 간주하며 불가침권을 가지는데, 대사관을 공격한다는 것은 자국을 공격하는 것과 마찬가지 의미이다. 당연히 미국은 건방진 이란을 용서할 생각이 없었다.

당시 미국의 지미 카터 대통령은 바로 구출 작전을 명령했고 그동안 베일에 싸여 있던 델타포스가 드디어 화려한 데뷔의 기회를 잡게 된다. 대테러 작전에 특화된 델타포스에게 이보다 더 좋은 데뷔 무대는 없었고, 델타포스 창설자인 찰스 베크위드 대령의 지휘 아래 그들은 인질 구출 작전에 나서게 된다.

🌀 차차 드러나는 불안 요소

하지만 작전 초반부터 불길한 조짐이 보이기 시작했다.

첫째, 이란 내에 미국의 CIA 요원이 한 명도 없을 정도로 이란 내 정보망은 이미 붕괴된 상태였다. 미국은 그동안 친미 정권이었던 팔라비 왕조가 오래 통치해 온 이란을 우방으로 생각해 왔다. 우방국에 굳이 정보원을 심을 이유가 없다고 안이하게 생각했던 결과, 이번 작전을 위해 필요한 이란 내부의 정확한 정보는 전무했다.

둘째, 델타포스가 주도적으로 작전을 계획했지만 육해공군을 비롯한 여러 조직이 참여하면서 대규모 작전으로 확대되었고, 사공이 많아진 배는 산으로 가기 시작했다. 당시에는 육해공군의 특수 작전을 통합 지휘하는 통합특수전사령부가 따로 없었기 때문에 각 조직이 얽히면서 우왕좌왕하게 되는 사태가 벌어졌다. 명령 체계도 복잡했다. 전체 작전 지휘는 육군 소장, 수송기 지휘는 공군, 헬기 지휘는 해병대, 델타포스의 지휘는 육군의 베크위드 대령이 담당했다. 각 부대는 미국 대통령은 물론 전 세계의 이목이 집중된 이 작전에서 스타가 되어 자신들의 존재 가치를 더욱 알리고 싶었다. 그래서 각자 더 큰 역할을 담당하기 위해 서로 욕심을 부리기 시작했다. 작전에 동원된 해병대의 RH-53D는 원래 특수 작전용이 아니었기에 공군에서 특수 작전용 헬기를 제안했지만, 해병대에서 이를 거부했다. 결과적으로 이런 부대 간의 이기주의가 작전 실패의 큰 원인이 되었다.

이 작전에는 육군의 레인저, 그린베레는 물론 해군의 니미츠 항공모함과 F-14 전투기, 해병대의 RH-53D 헬리콥터, 공군의 C-141 수송기, MC-120 건십 등 엄청난 병력과 다양한 장비들이 투입되었으며 작전 내용도 복잡했다. 당연히 작전 팀은 사전에 예행 연습을 했지만, 원래부터 같이 작전을 수행하던 병력도 아니었기에 팀워크가 하루아침에 맞을 리가 없었다. 무엇보다 이렇게 대규모 부대가 참전하는 특수 작전을 해 본 적이 없었다. 투입된 헬기 같은 장비들도 특수 작전 환경에 맞게 개조된 장비들도 아니었다.

공군이 제안했던 HH-53 같은 헬기는 탐색 및 구조용으로 개조된 특수 작전용 헬기로 악천후는 물론 야간 비행과 장거리 침투까지 가능한 기체였지만, 작전에 동원된 RH-53D 헬기는 주로 바다에 설치된 기뢰 같은 위험물을 제거하는 소해 임무를 하던 기체였다. 이 작전에서는 어두운 밤에 사막 한가운데를 가로질러 목적지에 정확히 도착하기 위한 지형 추적 레이더가 장착된 특수 작전용

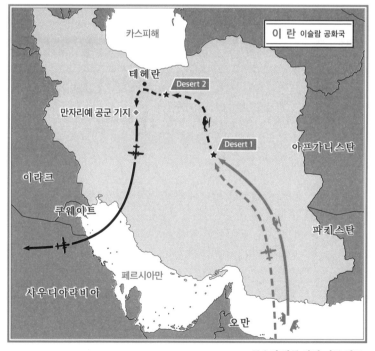

독수리 발톱 작전 이동 경로

헬기가 필요했다.

델타포스 대원들을 작전 지역에 내려 주기 위해서는 수직 이착륙이 가능한 RH-53D 헬기가 필요했다. 하지만 오만 앞바다의 니미츠 항공모함에서 출발한 헬기들이 목적지인 테헤란까지는 워낙 멀어서 한 번에 갈 수 없었다. 그래서 중간에 연료를 보급할 수 있는 임시 기지를 이란의 타바스 사막에 설치했다.

독수리 발톱 작전 내용
1 선발팀이 암호명 Desert 1 임시 기지를 미리 설치한다.
2 연료와 병력을 태운 수송기들이 먼저 Desert 1 에 도착한다.
3 8대의 구출 작전용 헬기는 항공모함에서 Desert 1 까지 이동하여 연료를 보충한 후 재정비한다.
4 델타포스 대원들을 암호명 Desert 2 테헤란 근처의 비밀장소에 헬기로 내려 준다.
5 CIA의 지원 아래 미 대사관으로 침투하여 인질들을 구출한다.
6 작전 성공 후 타고 온 헬기에 인질들을 태우고 테헤란 근처의 만자리예 공군 기지로 이동한다.
7 활주로가 확보되면 사우디아라비아에서 대기하던 C-141 수송기가 착륙해 인질들을 태우고, F-14 전투기의 엄호하에 재빠르게 이집트로 퇴출한다.

단순하게 순서만 정리해 보아도 굉장히 복잡한 작전이지만, 미국이 자랑하는 특수부대와 최신의 장비를 투입한 작전이었기에 그 누구도 성공을 믿어 의심치 않았다. 작전 3주 전, 공군 특수부대원들과 CIA 요원들은 임시 기지 Desert 1의 탐색 작업을 위해 이란에 몰래 잠입하였다. 항공기 이착륙이 가능한지 알아보기 위해 토양 샘플을 분석하고 착륙 지역에 표시 장비를 설치하는 등 치밀하게 준비했다.

🔆 예견된 실패

　　모든 준비를 마친 늦은 밤, 드디어 야심 찬 작전이 시작되었고 첫 단추는 그런대로 잘 끼워졌다. 먼저 구조팀과 연료를 탑재한 6대의 MC-130, EC-130이 Desert 1로 출발했다. 사전에 설치된 착륙 표시는 야시경을 착용해야만 보였고 1호기의 착륙은 쉽지 않았다. 날개가 지상에 부딪히는 등의 우여곡절 끝에 6대의 항공기는 어쨌든 모두 착륙하였다. 그런데 얼마 안 있어 주변을 경계하던 특공대원들은 근처를 지나가던 연료 트럭을 발견했고, 이 트럭이 정지 신호에 불응하자 공격하였다. 이 화재로 멀리서도 불길이 보여 보안에 문제가 발생하게 된다.

　　또한 이곳에 도착하기로 한 헬기들도 오던 중에 사고가 생기고 말았다. 항공모함에서 출발한 8대의 헬기들은 모래폭풍을 만나서 겨우 6대만 Desert 1에 도착했고, 그중 1대마저 문제가 발생해 비행이 불가능한 상태가 되었다. 소해 작업을 하던 RH-53D 헬기는 사막 비행에 적합한 기종이 아니었고 헬기 조종사들도 이런 특수 작전을 위한 저공침투비행 경력이 없었다.

현장 지휘관들은 침투 작전에 필요한 헬기가 모자라자 어쩔 수 없이 작전 취소를 결정했고, 곧바로 카터 대통령에게 보고가 올라 갔다. 작전을 본격적으로 시작하기도 전에 취소된 것이다. 하지만 이때 대참사가 발생했다. 순간적으로 강력한 모래폭풍이 불어 닥쳤고 철수를 위해 상공에 대기하고 있던 RH-53D 헬기 1대가 중심을 잃고 지상에 대기하고 있던 수송기와 충돌했다. 순식간에 두 기체는 불타올랐고, 수송기의 공군 조종사 5명과 RH-53D의 해병대원 3명이 사망했다. 폭발의 여파로 크고 작은 손상을 입은 근처의 나머지 5대의 헬기들까지 그대로 놔둔 채 남은 수송기로 부랴부랴 철수 작전이 이루어졌다.

다음 날 이란군은 파괴된 수송기와 남겨진 헬리콥터들 그리고 8구의 미군 시신까지 현장의 참혹한 장면을 그대로 방송에 내보내 미국인들을 경악하게 했다. 이란의 호메이니는 작전 실패의 원인이 된 모래폭풍을 신의 대리인이라고 묘사하며 자기들끼리 치고받고 싸우다가 결국 도망갔다고 비웃었다. 자존심에 금이 간 미국은 절치부심하여 다시 구출 계획을 세우지만, 인질들은 레이건 대통령 시절인 1981년 1월 알제리 정부의 중재를 통해 극적으로 풀려나게 된다.

독수리 발톱 작전의 뼈아픈 실패는 미국에 많은 교훈을 주었다. 미국은 작전을 면밀하게 분석하여 실패 원인을 찾아냈으며 특수부대 작전에 대한 체계를 만들어 나가게 된다. 우선 여러 부대가 뒤섞여서 팀워크도 안 맞고 우왕좌왕하던 부분을 개선하기 위해 통합특수작전사령부를 창설하였다. 특수전 항공기의 필요성을 절감하여 특수전 항공단을 창설하고, 1989년에는 헬리콥터와 항공기의 장점을 결합하여 수직 이착륙이 가능하도록 제작한 장거리 수송기 V-22 오스프리도 개발하게 된다. 또한 특수부대에 대한 지원과 특수 작전에 걸맞은 장비 개량들은 물론 다양한 전술들을 연구하게 된다.

델타포스는 비록 첫 작전에서 참담한 실패를 하지만, 이후 걸프전을 비롯해 세계 각지에서 비밀스러운 인질 구출 작전을 성공적으로 완수하며 현재 최고의 자리에 오르게 된다. 델타포스가 지금 세계 최고의 미국 특수부대가 되기까지 독수리 발톱 작전의 영향이 지대했다고 할 수 있다.

1985.11.23.
이집트 항공 648편 납치 사건

이집트 777부대 구출 작전

전설이 된 특수부대

테러리스트들 사이에서 '이집트 항공기는 절대 납치하지 않는다.'라는 말이 생겼을 정도로 전설이 된 이집트 777부대의 황당한 인질 구출 작전 이야기가 있다. 이 희대의 인질 구출 작전은 테러리스트에게 납치된 자국 항공기의 인질을 구출하려다 납치범뿐만 아니라 인질까지도 모두 진압해 버린 사건이다. 아무리 간덩이가 부은 테러리스트라도 납치범과 인질을 구분하지 않고 진압하는 특수부대 앞에서는 겁을 먹을 수밖에 없었다. 참고로 우리나라에도 국방부 소속의 첩보대로 신호 정보를 수집하고 분석하는 777이라는 이름을 가진 부대가 있는데, 이집트 777부대와는 전혀 다른 부대이다.

◉ 대테러 특수부대의 등장

전 세계적으로 이념의 갈등이 만연했던 70~80년대에는 많은 테러 단체가 우후죽순처럼 생겨나기 시작했다. 그들은 폭탄 테러뿐만 아니라 항공기를 납치하고 인질극을 벌이는 등 매우 과격하고 잔인한 방법으로 테러를 자행했다. 특히 테러범들에게 민간인이 타고 있는 여객기 납치나 폭파는 가장 효과적인 방법이었고, 여객기를 상대로 한 하이재킹이 그들 사이에서 유행처럼 번졌다.

이렇듯 세계 곳곳에서 수많은 테러가 발생하자 각 나라에서는 그에 대항하는 대테러 특수부대를 보강하거나 새로이 창설하기 시작했다. 특히 뮌헨 올림픽 학살 사건을 계기로 독일의 대테러부대 GSG 9Border Guards Group-9, 영국의 특수부대 SAS, 이스라엘의 특수부대 사이렛 마트칼Sayeret Matkal이 탄생했고, 이들은 이후 대테러 작전을 성공적으로 수행한다.

독일 경찰의 대테러부대 GSG 9은 1981년 루프트한자 181편 여객기 납치 사건이 일어났을 때, 일명 마법의 불꽃 작전에서 작전 개시 5분 만에 성공적으로 인질범들을 사살하며 모든 인질을 안전하게 구출하였다. 이때 GSG 9은 여객기 출입문에다 플라스틱 폭탄을 터뜨린 후 내부로 돌입하는 방법을 사용하였다.

SAS는 1941년에 창설된 영국 육군의 최정예 특수부대로 현대

대테러부대의 근간을 만든 부대이다. 1980년 주영 이란 대사관 점거 사건이 일어났을 당시 성공적으로 님드로 작전을 수행하였다. 특히 작전 때 선보인 SAS의 검은색 전투복과 방독면, MP5 기관단총은 세계 모든 특수부대의 기본 장비가 되었다.

1970년~1990년 주요 테러 사건		
1970년	요도호 납치 사건	일본 적군파가 자국 항공기 요도호를 납치하여 북한으로 망명한 사건
1972년	뮌헨 올림픽 학살 사건	뮌헨 올림픽 기간에 팔레스타인 테러 단체인 검은 9월단이 이스라엘 선수촌에서 벌인 인질 사건으로, 이스라엘 선수단 11명이 사망한 사건
1976년	에어 프랑스 139편 납치 사건	팔레스타인 테러 단체에 에어 프랑스 139편이 납치되어 우간다의 엔테베 공항에 착륙, 이스라엘 특수부대 사이렛 마트칼이 진압한 사건
1985년	에어 인디아 182편 폭파 사건	무장 단체가 에어 인디아 182편을 대서양 상공에서 폭파시켜 탑승객 329명이 전원 사망한 사건
1987년	대한항공 858 폭파 사건	북한이 저지른 테러 사건으로 대한항공 858 기체가 공중 폭파되며 탑승객 115명이 전원 사망한 사건
1988년	로커비 테러 사건	리비아 테러 집단이 일으킨 사건으로 팬 아메리카 항공 103편이 스코틀랜드 로코비 상공에서 폭파되어 추락하면서 탑승객 259명과 지상에 있던 11명이 사망한 사건

이스라엘의 특수부대 사이렛 마트칼은 1976년 에어프랑스 139편이 우간다로 납치되었을때, 엔베테 작전을 통해 성공적으로 인질을 구출했다. 이후 이 특수부대 출신 요원들이 이스라엘 총리와 국방부 장관과 같은 요직에 오르기도 한다.

비슷한 시기인 1978년 이집트에서도 대테러 특수부대가 만들어지는데, 바로 이집트어로 '천둥'이라는 뜻을 가진 사이카부대이다.

🎯 사이카부대의 화려한 데뷔

다행인지 불행인지 창설된 지 얼마 되지 않아 사이카부대가 활약할 기회가 생겼다. 이집트는 1978년 제4차 중동 전쟁 당시 이스라엘을 박살 내면서 아랍권의 영웅으로 떠오른 안와르 사다트 Anwar Sadat 대통령이 집권하고 있었다. 같은 해 2월 대통령의 절친한 친구를 암살한 2명의 테러리스트가 여객기와 30명의 인질을 잡고 지중해 사이프러스의 한 국제 공항에서 농성을 시작했다.

테러리스트와의 협상 진행은 지지부진하게 진행되고 있었다. 사다트는 사이프러스 당국에 협상 전문가를 파견하겠다고 말했지만, 실제로는 사이카부대원 45명이 테러범들을 진압하기 위해 파견되었다. 하지만 사이프러스 당국에는 이집트 특수부대 파견 사실을 알리지도 않은 상태였고 구출 작전에 대해서도 전혀 협의가 되지 않은 상태였다. 사이프러스군은 갑자기 공항에 나타난 수송기에서 무장한 사이카부대원들이 내리자, 이들을 테러리스트로 오인하여 사이카부대와 치열한 교전이 벌어졌다. 사이카부대원들도 자신을 공격하는 이들이 테러리스트인 줄 알고 격렬하게 반격했고 결과는 참담했다.

사이프러스 정규군의 압도적인 병력에 사이카부대원 15명이 전사했고 나머지 부대원은 전부 포로가 되어 버렸다. 그에 더해 사이카부대가 타고 온 C-130 수송기도 파괴되었는데, 이 어이없는 상황을 지켜보던 테러범들이 오히려 겁을 먹고 항복해 버렸다. 결과적으로 사건은 해결되었지만, 이집트와 사이카부대는 데뷔전에서 국제적인 망신을 당하고 말았다.

⬢ 777부대의 탄생

개망신당한 이집트는 절치부심하여 미국의 델타포스 등 우수한 해외 교관을 초빙하고 막대한 예산을 투자해서 테러진압부대를 재정비했다. 이때 부대 이름도 바꾸고 새롭게 탄생한 부대가 바로 '777부대'이다.

1985년 11월 23일, 777부대는 드디어 실수를 만회할 기회가 생겼다. 아테네에서 카이로로 가는 이집트 항공 648편 보잉 737기가 이륙한 지 10분 만에 팔레스타인 과격 단체 3명에게 납치되는 사건이 발생한 것이다. 이 비행기에는 승무원과 이스라엘인 12명을 포함해 백여 명이 탑승하고 있었다.

이 비행기에 타고 있던 이집트 보안 요원 무스타파 카말과 테러범 간의 총격전이 벌어졌고, 이 과정에서 테러범 1명이 사망했다. 그리고 이 총격전에서 튕겨 나간 총알이 동체에 구멍을 내면서 기체에 이상이 생기고 말았다. 테러범들은 하는 수 없이 비행기 고도를 내리고 하강할 수밖에 없었다. 이들의 원래 목적지는 리비아였지만, 연료 부족으로 근처에 있던 작은 섬나라 몰타로 향하게 되었다. 몰타 당국은 활주로 조명까지 꺼 버리며 이 골치 아픈 문제의 항공기가 착륙하는 것을 막았지만, 조종사는 강제로 항공기를 공항에 착륙시켜 버린다.

테러범들은 재급유를 요구했지만 몰타 당국은 이를 허용하지 않았고 이에 테러범들은 본보기로 인질 3명을 살해했다. 상황은 점점 더 험악해졌고 작은 섬나라인 몰타의 병력으로는 이 상황을 해결할 수가 없었다. 프랑스, 영국, 미국은 모두 대테러부대를 보내겠다고 제의했다. 중립국이었던 몰타는 결국 미국이 훈련시켰다는 이집트의 777부대 파병에 동의했다.

역사상 가장 실패한 인질 구출 작전

777부대는 사이프러스 사건 때와는 달리 정식으로 허가를 받고 몰타에 도착했다. 이들은 과거의 실수를 만회하기 위해 무슨 수를 써서라도 납치범들을 진압하겠다는 각오를 다졌다.

작전에 앞서 몰타 당국이 테러범들과 협상하는 과정에서 부상당한 승무원들과 몇 명의 인질들이 풀려났다. 하지만 풀려난 인질들은 테러범의 무장 상태와 인상착의 등 대략적인 정보만 알고 있었다. 이것만으로는 내부의 정확한 상황을 알 수가 없었지만, 777부대원들은 이들의 정보를 넘겨받은 후 진압 작전을 짜기 시작했다.

아침 식사를 주는 척하며 비행기 쪽으로 접근하여 폭탄으로 기체의 문을 폭파한 후, 내부로 진입해 테러범들을 재빠르게 진압하겠다는 작전이 세워졌다. 하지만 안되려고 하면 뒤로 넘어져도 코가 깨진다고 했던가? 새벽녘 야음을 틈타 777부대원 25명이 은밀히 비행기로 접근하는 순간, 공항 직원의 실수로 공항 전체의 조명이 모조리 꺼지는 돌발 상황이 발생했다. 순간 뭔가 이상함을 눈치챈 테러범들은 비행기 바깥을 살피다 777부대원들이 접근하는 모습을 목격하게 되었다.

이때부터 전혀 예상치 못한 상황이 전개되기 시작했다. 접근하던 777부대원들을 발견하고 흥분한 테러범들은 인질들을 향해 무차별 총격을 가하며 수류탄까지 투척해 버린다. 상황이 다급해지자 777부대는 폭발물로 승객용 문과 아래쪽 화물칸 문을 폭파한 후 순식간에 안으로 진입했다. 하지만 화물칸 문을 폭파하면서 문 근처에 있던 산소 탱크도 같이 폭발해 버려 기체 후방과 중앙 동체 천장까지 날아가 버렸다. 기체 문을 폭파할 때 너무 많은 화약을 사용한 것이 화근이었다. 이 폭발로 근처에 있던 인질 6명이 즉사하고 내부에는 대형 화재까지 발생했다.

상황은 점점 걷잡을 수 없이 커져만 갔다. 자욱한 연기를 뚫고 기내로 진입한 777부대 역시 흥분하여 인질 구출 작전이라는 본분을 잊고 무차별적으로 사격하며 테러범들과 교전을 벌였다. 이 아비규환에서 인질 몇 명이 극적으로 비행기 밖으로 탈출했지만, 어이없게도 밖에서 대기하던 몰타군과 777 특공대원들은 이들이 테러범인 줄 알고 사살한 일이 발생했다.

이 엉망인 작전으로 테러범 1명과 함께 기내에 있던 인질 중 58명이 사망했고 777부대원 중 1명은 다리를 절단하는 부상을 당했다. 몰타의 검시관들은 승객 8명이 777부대의 총에 맞아 사망한 것으로 추정했다. 유일하게 살아남은 테러범 오마르 레자크Omar Rezaq는 인질 틈에 섞여 비행기에서 탈출하지만 결국 병원에서 붙잡혔다. 그는 몰타에서 복역하다가 1996년 미국에서 무기 징역을 선고받고 현재까지 복역 중이다.

이집트의 777부대는 미국의 델타포스 같은 최정예 특수부대로부터 꾸준히 훈련받으며 큰 기대를 받고 있었다. 하지만 의욕만 앞섰지 실전 경험이 부족했던 777부대의 약점은 이 작전에서 고스란히 드러났고 이는 참사로 이어지고 말았다. 사실 이집트 777부대가 출동하는 순간부터 이미 인질들은 죽은 목숨이었다고 할 수 있다.

SAS의 님로드 작전, GSG 9의 마법의 불꽃 작전, 사이렛 마트칼의 엔테베 작전은 보이지 않는 곳에서 치밀한 정찰로 정보를 수집했고, 테러범들을 혼란스럽게 만들기 위한 기만 작전 등을 바탕으로 성공했다. 이들과 달리 777부대는 인질들의 목숨이 달린 구출 작전에서 사전 정찰이 미흡하여 전반적인 정보 수집이 충분하지 않았다. 이들은 테러범들의 정확한 숫자나 위치도 몰랐고 기내의 구조도 제대로 인지하지 못한 상태로 무리한 진압 작전을 펼쳤다. 또한 기내의 돌발 상황에서 냉정하게 대처하지도 못했다. 인질들과 테러범들이 섞여 있는 혼란스러운 상황에서 777부대원들은 이성을 잃고 기내에서 연발 사격을 하기도 했다. 한 가지만 실수해도 실패할 수 있는 인질 구출 작전에서 이들은 너무나 말도 안 되는 실수를 연달아 저질렀다.

다른 의미로 화려한 역사가 있는 이집트의 777부대는 현재도 미 육군의 델타포스, 미 해군의 네이비 실, 프랑스 GIGN, 독일의 GSG 9과 같은 서방의 대표적인 특수부대와 활발하게 훈련하고 있다. 하지만 실전 능력은 아무도 알 수가 없다. 아마 그 누구도 그들의 실전 능력을 시험해 보고 싶지 않은 것일 수도 있다. 부대원들의 경험 부족으로 인한 성급함과 미숙함으로 애꿎은 인질만 희생된 이 작전은 지금도 역사상 가장 실패한 인질 구출 작전으로 꼽히고 있다.

1990.8.2.
쿠웨이트 침공

1991.1.17.
걸프 전쟁

브라보 투 제로
영국 특수부대 SAS의 비극

2019년 1월 15일 케냐의 수도 나이로비에서 끔찍한 테러가 발생했다. 5명의 테러리스트가 사람이 많이 몰린 쇼핑몰에서 자폭과 동시에 무차별 사격을 가하며 테러를 벌인 것이다. 대낮 도심 한가운데서 벌어진 이 혼란스러운 상황에서 현지 경찰들과 작전을 펴고 있는 한 인물이 유난히 눈에 띄게 현지 방송 카메라에 잡힌다. 발라클라바로 얼굴을 반쯤 가리고 완전 무장을 한 그는 이리저리 동분서주하며 인질들을 구출했다. 이후에는 케냐군 대테러부대를 지휘하며 건물 내부의 테러리스트들과 교전을 벌였고, 이 장면이 전 세계에 생방송으로 나가며 이 인물은 순식간에 유명해진다.

〈스타워즈〉에 나오는 제다이 마스터 오비완 케노비와 닮았다고 하여 '오비완 나이로비'라는 별명까지 생긴 이 수수께끼의 인물은 영국 특수부대 SAS의 크리스천 크레이그헤드Christian Craighead 였다. 그는 케냐에 훈련 교관으로 파견되어 있던 중 우연히 테러 현장을 목격하고 뛰어든 것이었다. 그가 SAS 대원이라는 점이 세상에 알려지면서, 사람들은 다시 한번 SAS의 능력과 용맹함에 감탄하며 '역시 SAS'라는 찬사를 보냈다.

🌐 특수부대계의 큰 형님 SAS

영국 육군 공수 특전단 SAS는 'Special Air Service'의 약자로 '용기 있는 자가 승리한다.'라는 모토를 바탕으로 1941년에 창설되었다. 이들은 제2차 세계대전, 포클랜드 전쟁에서 맹활약하며 명성을 쌓았는데, 난다긴다하는 미국의 네이비 실이나 델타포스 같은 특수부대도 한 수 접고 들어간다는 세계 최고의 특수부대이다. 미국의 델타포스와 뉴질랜드, 호주 등 영연방의 특수부대는 물론 홍콩의 경찰 특공대인 비호대SDU, Special Duties Unit 역시 SAS의 영향을 받아서 창설되었다.

한마디로 SAS는 현대 특수부대 전술과 장비에 지대한 영향을 끼친 특수부대의 큰 형님 격이라고 할 수 있다. 특히 1980년 전 세계 TV로 생중계된 이란 대사관 인질 구출 작전인 님로드 작전 때 선보인 검은색 전투복에 복면과 방독면을 쓰고 H&K MP5 기관단

총으로 무장한 모습은 이후 대테러부대의 상징과도 같게 되었다.

⊕ 스커드 미사일 사냥에 나서다

전설과도 같은 SAS는 1991년 이라크의 쿠웨이트 침공으로 걸프전이 발발하자 미국, 영국, 프랑스 등이 소속된 다국적군의 일원으로 참전하게 된다. 특히 전쟁 중 연합군의 가장 큰 골칫거리는 이라크군의 스커드 미사일이었다. 이라크는 스커드 미사일로 이스라엘을 공격하며 도발했는데, 만약 이스라엘이 이 도발에 넘어가 참전하면 다국적군에 속해 있던 아랍권 국가들이 자연스럽게 분리될 것이기 때문이었다. 첨단 무기들의 각축장이었던 걸프전이지만, 이 스커드 미사일 발사대는 이동식이라 항공기로 일일이 찾아서 파괴하기가 쉽지 않았다. 결국 연합군은 스커드 미사일 사냥에 특수부대를 투입한다.

영국도 스커드 미사일을 사냥하기 위해 SAS 장거리 정찰팀들을 이라크로 들여보낸다. 그중 8명으로 구성된 한 팀은 앤디 맥냅 Andy McNab이 지휘하던 콜 사인 브라보 투 제로Bravo Two Zero 팀이었다. 브라보 투 제로 팀은 이라크군의 스커드 미사일 발사대와 통신망 파괴 그리고 정찰 임무를 받아, 1월 22일 새벽에 헬리콥터로 이라크 깊숙이 침투했다.

하지만 착륙 직후 이들은 무전기에 문제가 있는 것을 발견했다. 그들이 가져온 무전 장비가 주파수 문제로 본부와 통신이 불가능해진 것이었다. 적지에서 소수의 병력으로 위험한 임무를 수행하는 특수부대에게 무전기의 문제는 치명적이었다. 정기적으로 보고되어야 할 무전이 들어오지 않자, 연합군 사령부는 문제가 생긴 것을 인지했다. 하지만 브라보 투 제로 팀과 통신이 되지 않아 제대로 구조 작전을 펼칠 수도 없었다. 결국 브라보 투 제로 팀은 임무를 시작도 못하고 퇴각을 결정했다.

하지만 이들의 불운은 이제 시작이었다. 침투 다음 날 오후 퇴각 준비를 위해 은신하던 이들은 근처를 지나가던 현지 양치기 소년에게 발각되었는데, 이 소년의 신고로 이라크군에게 쫓기는 신세가 되었다. 브라보 투 제로 팀은 비상 상황 매뉴얼에 따라 원래 침투 지점으로 돌아가 탈출 헬리콥터를 기다렸다.

하지만 어찌된 일인지 헬리콥터는 나타나지 않았고, 이들의 비상 무전기는 송신은 되지만 수신은 여전히 되지 않고 있었다. 연합군 항공기는 이들을 찾기 위해 돌아다녔지만, 넓은 사막의 적지 한복판에서 이들을 찾는 것은 쉬운 일이 아니었다. 다른 SAS 투입 팀과 다르게 차량이 없던 이들은 어쩔 수 없이 120km 이상 떨어진 우방국 시리아까지 걸어서 탈출하기로 했다. 하지만 사막의 밤은 이들의 예상보다 훨씬 혹독하였다.

칠흑 같은 25일 새벽 브라보 투 제로 팀은 TACBE(비상용 전술 비콘)를 이용해 계속해서 구조 신호를 보내고 있었다. 응답을 기다리는 과정에서 본의 아니게 2개의 팀으로 갈라졌고, 각자 혹독한 추위를 뚫고 시리아 국경을 향해 북쪽으로 계속 이동했다.

이 필사의 탈출 과정에서 빈센트 데이비드 필립스는 저체온증으로 사망하고, 맥거운은 적과 교전하다가 포로로 잡혔다. 다른 그룹도 상황은 마찬가지였다. 팀장인 맥넵과 같이 이동했던 대원 중 로버트 콘실리오도 적과 교전 중 전사했고, 스티븐 레인은 저체온증으로 사망했다. 맥넵과 마이크 코번, 이언 프링도 교전 중 결국 이라크군에게 포로로 잡혔다. 결과적으로 8명의 팀원 중 4명은 포로가 되고 3명이 사망하였다. 오직 크리스 라이언만이 수백 킬로미터를 걸어서 사막을 넘었고 기적적으로 시리아에 도착했다.

포로가 된 대원들은 이라크군에게 가혹한 고문을 당했으나 끝까지 자신들이 SAS라는 것을 발설하지 않았고, 포로수용소에 수감되어 있다가 전쟁 후 석방되었다. 이로써 브라보 투 제로 팀의 이야기는 끝이 난다.

✪ Bravo Two Zero

조용히 묻힐 뻔한 이 비밀 전사들의 이야기가 책으로 출간되면서 이들은 갑자기 세계적으로 유명해졌다. 1993년에 팀장이었던 앤디 맥넵은 자신들의 이야기를 《Bravo Two Zero》(Island Books, 1993)로 출간했다. 이 책은 전 세계 베스트셀러에 오르며 소위 대박을 터트렸고, 드라마와 다큐멘터리로 제작되기도 했다.

앤디 맥넵은 죽을 고비를 수도 없이 넘기며 동료들과 위험한 작전을 수행했고 포로 생활까지 했는데, 비밀 작전이라는 이유로 모든 일이 묻히는 것에 반발하여 책을 썼다고 했다. 하지만 그는 책에서 작전 내용을 노출했다는 이유로 전역 후 SAS 전우회에서 제명된다. 유명 작가가 되어 엄청난 부를 얻었지만 명예를 잃은 셈이다.

한편 유일하게 탈출에 성공한 크리스 라이언도 자신들의 작전을 주제로 한 《The One That Got Away》(Brasseys, 1998)라는 책을 썼는데, 여기서 앤디 맥냅을 아주 재수 없는 동료로 묘사하기도 한다. 그는 SAS 대원들을 주인공으로 한 TV 시리즈인 〈Ultimate Force〉를 공동 제작하기도 하였다.

2002년에는 전직 SAS 출신의 마이클 애셔라는 인물이 직접 이라크에 가서 브라보 투 제로 팀의 탈출 동선이나 현지 목격자들을 추가로 취재했는데, 앤디 맥냅과 크리스 라이언의 책 내용이 과장되었다고 주장했다. 은밀히 활동하는 특수부대의 성격상 모든 진실을 알 수는 없겠지만, 그들만이 그날의 진실을 알고 있을 것이다.

이 순간에도 어떤 곳에서는 정예 특수부대원들에 의해 비밀스럽고 위험한 작전들이 진행되고 있을 것이다. 그중에는 절대 세상에 나올 수 없는 이야기들이 있을지도 모른다. 하지만 언젠가는 브라보 투 제로 팀의 이야기처럼 세상에 나올 이야기도 있지 않을까 기대해 본다.

1994.12.11.
제1차 체첸 전쟁

1994.12.31.
그로즈니 전투

1999.8.7.
제2차 체첸 전쟁

샤토이 매복 공격

러시아의 악몽, 체첸

이 세상에 싸우기 위해 태어난 민족이 있을까? 사람들은 중국, 프랑스, 미국 같은 강대국과의 싸움에서 포기하지 않고 끝까지 싸운 베트남 민족을 흔히 '전투 민족'이라고 부른다. 그런데 베트남 민족만큼 터프한 민족으로 불릴 만한 이들이 있는데, 바로 체첸인들이다. 18세기 말부터 러시아의 수많은 억압을 받으며 살아온 체첸인들은 독립에 대한 열망이 컸고 그만큼 거칠고 끈질겼다.

특히 이슬람 국가인 체첸이 유명해진 것은 1994년부터 2009년까지 이어진 두 번의 러시아·체첸 전쟁 때문이었다. 이 전쟁은 양측에 끔찍한 피해를 줬는데, 압도적인 병력을 가진 러시아가 쉽게 이길 것이라는 예상을 깨고 엄청나게 고전하였다.

◈ 체첸의 독립 선언

1991년 소련이 해체되었고 어수선한 틈에 기회를 잡은 체첸은 독립을 선언했다. 하지만 러시아는 체첸의 독립을 허락할 수 없었다. 체첸이 위치한 캅카스Kavkaz 지역은 풍부한 자원들이 있는 곳이었다. 그 지역에는 엄청난 원유 매장량은 물론 원유가 지나가는 송유관까지 있었다. 더군다나 막 해체된 러시아 연방으로서는 도미노 현상으로 이어질 것이 뻔한 소수 민족들의 분리 독립을 허락할 수 없었다.

구소련의 장군 출신인 체첸의 두다예프Dzhokhar Dudayev 대통령은 친러시아 성향의 체첸 지도자들을 탄압했으며, 친러시아 쪽과 독립을 원하는 체첸인들Chechen Republic of Ichkeria과 내전 상태에 이르게 된다.

그 당시 보리스 옐친Boris Yeltsin 러시아 대통령은 1994년 12월 11일 체첸을 전격적으로 침공한다. 러시아군은 기갑부대를 중심으로 체첸의 수도인 그로즈니Grozny만 점령하면 전쟁은 빨리 끝나리라 예상했다. 하지만 체첸인들은 항복할 마음이 애초에 없었다. 압도적인 러시아군이 손쉽게 체첸을 점령할 거라는 모두의 예상을 깨고 체첸군은 끈질기게 저항했다.

전쟁 초반 러시아군은 체첸군의 저항을 잠재우며 순조롭게 진행하고 있었으나 그로즈니는 달랐다. 체첸의 수도 그로즈니에서 두 달 동안 벌어진 시가전에서 러시아군도 어마어마한 피해를 보게 되었다. 체첸군과 무장한 그로즈니 시민들은 도시 곳곳에 강력한 방어선을 구축하였고, 매복 작전과 기습 작전으로 러시아군을 괴롭혔다. 그로즈니 시가전에서만 2백 대가 넘는 전차와 장갑차가 파괴됐으며 러시아군 2천 명이 넘게 전사했다.

특히 가장 치열한 전투를 벌인 러시아군 제131 여단은 여단장까지 전사했고 1,469명의 부대원 중 160명만이 생존했을 정도로 처참하였다. 겁도 없이 그로즈니 한가운데로 들어간 제131 여단을 구출하기 위해 그로즈니에 더 많은 러시아군이 투입되었다. 하지만 건물과 골목, 도로 곳곳에서 갑자기 튀어나와 공격하는 체첸군에게 신나게 두들겨 맞고 후퇴할 뿐이었다. 체첸군과 국민은 도시 전체를 방패로 삼아 치열하게 저항하고 있었다.

⚙️ 빼앗긴 그로즈니

혈투 끝에 러시아군은 그로즈니를 간신히 점령했다. 하지만 남부로 후퇴한 체첸군은 험난한 산악 지형을 이용한 게릴라전과 기습 작전으로 끊임없이 러시아군을 괴롭혔다. 체첸 각 지역에서는 민병대가 결성되어 점령군인 러시아군을 계속해서 공격했고, 체첸을 돕기 위해 해외 이슬람 국가에서도 수많은 자원자가 들어왔다. 이미 러시아는 체첸이라는 늪에 빠져서 허우적대고 있었고, 세계 각국의 여론은 침략당한 약자인 체첸의 편이었다.

러시아군은 그로즈니 점령 후 체첸의 험난한 산악 지형에서 체첸군과 싸운다. 이 산악 지형은 게릴라전을 펼치는 체첸군에게 절대적으로 유리했다. 홈그라운드의 이점을 살린 체첸군들은 신출귀몰하게 나타나 러시아군을 공격하고 사라지곤 했다. 러시아군도 산악 게릴라전을 위해 많은 병력과 장비를 투입했지만, 넓고 거친 체첸의 산악 지형에서는 병력과 장비가 여전히 부족했다.

체첸군은 오히려 이런 점을 이용해 러시아군의 허를 찌르기도 했다. 1996년 3월 빼앗긴 수도 그로즈니에 기습을 가한 것이었다. 순식간에 그로즈니의 절반을 장악한 체첸군은 그로즈니에서 두다예프 대통령의 대국민 연설까지 하는 대담한 짓을 한다. 뒤통수를 제대로 맞은 러시아군은 그로즈니를 다시 탈환하기는 했지만, 많은 희생이 따랐고 이미 강대국 러시아의 체면은 구겨질 대로 구겨진 상황이었다. 조금씩 적들을 소탕하고는 있었지만, 이미 러시아는 많이 지친 상태였고 사기도 바닥이었다.

⊛ 샤토이 매복

러시아군은 산악 지형으로 진격하면서도 주변 지형에 대한 정보가 너무 부족했다. 적지에서 주변 지형에 대한 정찰도 없이 이동하는 것은 자살 행위나 마찬가지였지만, 샤토이Shatoy에서 러시아군은 이 자살 행위를 하고 만다.

1996년 4월 16일, 사우디아라비아 출신의 베테랑 전사 알 카탑 Ibn Al-Khattab의 지휘 아래 체첸군은 샤토이 마을 근처의 이아리시마르디Yaryshmardy 고지에서 매복하고 있었다. 체첸군은 이미 러시아군 제245 기계화보병연대 제2 대대의 이동 경로를 파악하고 있었고, 도로 곳곳에 IED(급조폭팔물)를 매설하여 완벽한 준비를 하고 있었다.

체첸군이 매복한 장소의 한편은 계곡과 개울이 있었고, 맞은편은 숲이 우거진 5m 높이의 경사면이 있는 좁은 도로였다. 이곳은 코너가 크게 꺾이는 곳이라 행렬의 선두와 후미가 보이지 않았고, 정말 찾기 힘들 정도로 이상적인 매복 장소였다.

오후 1시 23분 전투가 시작되었다. 체첸군은 선두 정찰대를 먼저 지나가게 한 뒤 본대 행렬 선두의 전차를 IED로 날려 버렸고, 동시에 RPG 로켓으로 BMD-1 지휘 장갑차를 날려 버렸다. 이 초반 공격에 러시아군 지휘관 테르조베트Terzovets 소령과 무전병, 포병 지원 장교가 전사했고, 러시아군의 행렬은 완전히 정지했다. 후미에 있던 장갑 차량들도 RPG 로켓에 격파당하면서 러시아군은 좁은 도로에 꼼짝없이 갇혀 버렸다. 종대로 전진하던 러시아군은 좁은 도로에서 오도 가도 못한 채 집중 공격당했으며, 약 4시간가량의 전투에서 20대의 기갑차량과 수송트럭이 파괴되었고 2백여 명의 병력 중 11명의 장교를 포함하여 73명이 전사했다. 이날 체첸군의 전사자는 겨우 3명이었고, 알 카탑은 이 모든 과정을 영상으로 촬영하여 언론에 공개했다. 이 전투 영상이 공개되면서 체첸 전쟁에서 승리하고 있다고 언론에 떠들었던 러시아 국방 장관 파벨 그라초프가 해임되며 러시아는 궁지에 몰린다.

⚙ 끝나지 않은 체첸 전쟁

이후 체첸은 수많은 게릴라전과 테러로 러시아를 괴롭혔으며, 1996년 8월 31일 평화 협정이 체결되면서 제1차 체첸 전쟁은 종결되었다. 러시아군은 큰 피해를 보고 체첸에서 물러났는데, 말이 평화 협정이지 사실상 러시아의 패배나 마찬가지였다.

옐친 대통령에 이어 권력을 삽은 블라디미르 푸틴은 옐친처럼 말랑말랑한 인물이 아니었다. 푸틴은 1차 체첸 전쟁 때 체첸을 어설프게 공격했다가 큰 피해를 보았던 것을 알고 전략을 바꿨다. 1999년에 시작된 제2차 체첸 전쟁 때는 그로즈니를 포격으로 완전히 초토화하며 진격했고, 남아 있는 적들에게는 무자비했다. 도시의 건물들이 대부분 파괴되어 평평해질 정도로 포격을 가했기에 체첸군은 숨을 곳도, 매복할 곳도 없었다. 1차 체첸 전쟁에서 고전했던 산악 게릴라전 역시 러시아 특수부대 스페츠나츠를 대규모로 투입해 각개 격파하였다. 더군다나 1차 전쟁의 영웅인 체첸 지도자 두다예프가 샤토이 매복 공격 닷새 후 러시아군의 폭탄 공격으로 사망하였기에 체첸은 내부적으로도 단합되지 못하고 어수선한 상황이었다.

1999년 체첸군이 어린 러시아군 포로를 참수하는 영상이 인터넷에 공개되었고, 이 영상을 본 푸틴은 말 그대로 '꼭지가 돌아서' 영상에 나온 모든 체첸군을 찾아내 잔인하게 죽였다. 피가 피를 부르는 역사가 시작된 것이다. 이후로도 체첸은 2002년 모스크바 극장 인질극, 2004년 바슬란 초등학교 테러, 2010년 모스크바 지하철 테러 등 러시아 민간인을 상대로 끔찍한 테러 행위들을 저질렀다. 이에 러시아도 그만큼 무시무시한 보복을 가하면서 서로 간에 피의 역사를 써 갔다. 러시아군은 전투 중 체첸군에게 포로로 잡히면 잔인하게 죽는다는 것을 알고 자살용 수류탄을 들고 다닐 정도로 서로에 대한 보복은 끔찍했다.

1·2차 체첸 전쟁을 거치면서 약 120만 명이었던 체첸의 인구가 80만 명으로 줄어들었다. 하지만 러시아와 싸우다 전사한 남자들의 아내로만 구성된 '블랙 위도우'라는 여성부대가 있을 정도로 체첸은 포기를 몰랐다. 이들 블랙 위도우는 자살 폭탄 테러도 주저하지 않고 감행할 정도로 가족을 잃어 복수심에 불타는 여성들만 뽑았다고 한다.

하지만 이후로 극단 과격 이슬람주의 세력만 남은 체첸 병력은 대부분 러시아군에게 잡혀가면서 남은 세력이 거의 없어졌고, 지금의 체첸은 러시아에 복속된 상태이다. 러시아와 체첸의 관계는 '영원한 우방도 영원한 적도 없다.'라는 말을 가장 극적으로 보여 준 사례이다. 그렇게 죽일 듯이 러시아와 싸우던 체첸이 2023년 지금은 러시아의 부름을 받고 우크라이나와 싸우고 있다. 자살 폭탄 공격도 서슴지 않고 싸우던 체첸의 늑대들이 자신들의 부모 형제를 학살하던 푸틴과 손잡을 줄은 그 누구도 몰랐을 것이다.

지금 진행되고 있는 우크라이나 전쟁을 보면 자연스럽게 체첸이 떠오른다. 체첸과 우크라이나는 러시아에게 침략당했지만, 예상을 깨고 정말 잘 싸웠다는 공통점이 있다. 전쟁 전까지는 두 국가가 러시아의 상대가 되지 않을 것이라고 대부분 예상했지만, 뚜껑을 열어 보니 결과는 달랐다.

우크라이나와 체첸 모두 침략국인 러시아에 맞서 지도층뿐만 아니라 군인과 시민들까지 용감하게 싸우며 저항했다. 하지만 체첸은 시간이 지나며 내부적으로 분열되기 시작했고, 전쟁에서 밀리자 잘못된 방법으로 러시아에 대항하기 시작했다. 화학 무기 사용은 물론 여성과 어린이를 포함한 민간인 대상의 테러 그리고 포로 학살 등을 저지르며 자연스럽게 서방 국가들의 지지를 잃었고, 테러 국가라는 이미지가 생기게 되었다.

지금의 우크라이나는 서방 국가들의 전폭적인 지원을 받고 있기에 체첸과는 상황이 다르다. 그러나 모든 전쟁에는 명분이라는 것이 필요하고, 체첸은 그 명분을 잃으며 자멸하고 말았다. 서방 국가들의 지원으로 버티고 있는 우크라이나가 만약 침략을 당한 국가라는 명분을 잃는다면, 서방의 지원이 끊기며 모든 상황은 금방 끝날 것이다.

SPECIAL

발라클라바 전투 1854. 10. 25.
— 영국군 역사상 가장 멍청한 전투

영국군 역사상 가장 멍청한 전투라고 불리는 발라클라바 전투 Battle of Balaclava는 무능한 리더가 얼마나 무서운지 알 수 있는 가장 적절한 예라고 할 수 있다. 발라클라바 전투의 배경에는 크림 전쟁이 있다. 크림 전쟁은 남하 정책을 펴며 세력을 확장하던 러시아와, 러시아의 팽창을 견제하려던 영국, 프랑스, 오스만투르크 연합군과의 전쟁이었다.

이 전쟁의 무대가 된 크림반도는 예나 지금이나 러시아에 지리적으로 중요한 곳이었다. 이곳은 러시아가 흑해와 지중해로 진출할 수 있는 통로였고, 크림반도 끝자락에 있는 세바스토폴Sevastopol은 러시아의 중요한 군항이자 요충지였다.

1854년 9월 우월한 해군력을 자랑하던 영국, 프랑스, 오스만 연합군은 대규모의 병력을 크림반도의 칼라미타만에 기습적으로 상륙시키며 순식간에 세바스토폴 요새를 포위했다. 연합군은 맹렬하게 저항하는 세바스토폴 요새를 말려 죽이기로 작정하고 장기간의 포위전을 준비하는데, 그러기 위해서는 보급을 위한 항구가 필요했다. 그래서 선택한 곳이 바로 세바스토폴 아래에 있는 '발라클라바'라는 작은 항구였다. 이를 알게 된 러시아는 이곳을 공격하여 연합군의 보급 작전을 방해하며 발라클라바의 포위망을 풀려고 계획했다.

발라클라바 지역은 사방이 고지대에 둘러싸인 지형이었는데, 중앙에는 기다란 능선인 코즈웨이 고지가 동서를 가르고 있었다. 능선 위에는 6곳의 오스만군 포병 진지가 지키고 있었다. 연합군은 남쪽과 서쪽의 고지대를 점령하고 있었고, 러시아군은 북쪽과 동쪽의 고지대를 점령한 채 대치하고 있었다.

10월 25일 러시아군의 선제공격으로 전투가 시작되었다. 러시아군의 기습이 성공하면서 오스만군이 방어하던 코즈웨이 고지 동쪽의 4개 진지가 순식간에 점령당했다. 기세가 오른 러시아군은 발라클라바 항구의 남쪽으로 공격을 시도했다.

이런 위기 상황에서 군 지휘 경험이 많지 않았던 연합군 사령관 래글런Baron Raglan 남작은 애매모호한 명령을 내렸다. 반격을 위해 기병대에 이동을 명령했는데, 오스만군이 지키고 있던 6개의 진지 중 어느 진지로 이동해야 하는지가 불명확했다. 다행히 기병대 총지휘관 루칸Lucan은 개떡 같은 명령을 찰떡같이 알아듣고서 아직 점령되지 않았던 6번 진지로 기병대를 이동시켰다. 하지만 얼마 후 다시 명령서가 내려온다. 이번엔 소수의 중기병대를 차출해서 고지에서 싸우고 있는 오스만군을 지원하라는 명령이었다.

하지만 이미 점령당한 진지의 오스만군은 전부 도망간 상태였고, 남쪽으로 이동했던 중기병 중대를 기다리던 것은 오스만군이 아닌 대규모의 러시아 기병대였다. 하지만 영국군 중기병대는 예상과는 다르게 역습을 감행하여 압도적인 병력의 러시아 기병대를 박살 내는 기적을 보여 주었다.

이때 중기병대의 남쪽 계곡에 배치되어 있던 5백여 명의 용맹한 제93 연대는 그 유명한 씬 레드 라인Thin Red Line을 선보이며 압도적인 병력의 러시아 기병대 공격을 막아 냈다. 제93 연대는 부족한 병력에도 불구하고 2줄의 선형 횡대 전법 씬 레드 라인으로 러시아 기병대를 박살 냈는데, 이후 씬 레드 라인은 용맹한 영국군의 상징과도 같은 표현이 된다.

제93 연대의 지휘관인 콜린 캠벨Colin Campbell 남작은 부하들에게 '너희들이 물러설 곳은 없다! 너희들은 모두 이곳에서 죽어야만 한다.'라고 명령했고, 부하들은 '필요하다면 그렇게 하겠습니다.'라고 대답했다고 한다.

이렇듯 전장의 병사들은 목숨을 걸고 용감하게 싸우고 있었지만, 정작 지휘부는 헛발질만 하고 있었다.

영국군의 뜻밖의 일격에 당황한 러시아군은 일단 코즈웨이 고지로 후퇴했다. 하지만 이를 멀리서 지켜보던 래글런 남작은 점령당했던 고지의 아군 대포들을 빼앗길까 걱정했고 그의 조바심은 끔찍한 참극을 만들었다. 그는 빨리 고지를 공격해서 대포를 찾아오라는 명령서를 전달했지만, 급하게 쓴 그의 공격 명령서에는 여러 곳의 고지 중 도대체 어느 곳을 공격하라는 건지가 명확하지 않았다. 앞서 했던 실수를 또 반복한 것이다.

이 애매한 명령서를 받은 기병대 지휘관 루칸이 우물쭈물하자, 빨리 공격하여 대포를 빼앗으라는 추가 명령서까지 내려왔다. 명령서를 전달한 부관은 계속해서 공격을 재촉했고, 그 부관이 무작정 가리킨 동쪽은 하필이면 U자형으로 배치된 러시아군 포병대의 한가운데였다. 오만한 부관의 행동에 짜증이 날대로 난 루칸은 경기병 여단의 지휘관인 카디건Lord Cardigan에게 대포를 가져오라는 명령을 내렸다. 카디건 역시 이 명령이 말도 안 된다는 걸 알면서도 어쩔 수 없이 자신의 경기병 여단에 공격을 명령했다. 경기병 여단의 병사들은 이 명령이 무모하며 자신들이 죽을 것이라는 것을 알았지만, 아무도 명령에 이유를 묻지 않았다.

오전 11시경 카디건의 경기병 여단이 선두에 서고 루칸의 중기병 여단이 뒤에서 받쳐 주며 러시아군 포대 한가운데로 돌격을 시작했다. 그러나 돌격할수록 무엇인가 크게 잘못되었다는 것을 깨달은 루칸은 그의 중기병 여단을 후퇴시켜 버렸다. 카디건의 경기병 여단 병사들은 그것도 모르고 용감하게 앞으로 돌격해 나갔다. 상식적으로 말이 안 되는 일들의 연속이었다.

자신들의 본진 한가운데로 돌격해 오는 경기병 여단의 모습에 러시아군은 자신들의 눈을 의심할 수밖에 없었다. 하지만 러시아군의 맹렬한 포격이 계속되는 와중에도 경기병 여단은 돌격을 멈추지 않았다. 이에 오히려 겁을 먹은 것은 러시아군이었다. 경기병 여단은 큰 피해를 보면서도 기적적으로 러시아군 포대를 제압하고 대포까지 확보하지만, 뒤에 따라와야 할 중기병 여단이 없다는 것을 그제야 알아챘다.

하지만 적의 지원 병력이 없다는 것을 알아챈 것은 러시아군도 마찬가지였다. 러시아 창기병 연대는 경기병 여단의 퇴로를 막은 후 반격했고, 들어온 길로 후퇴하던 경기병 여단은 처절하게 싸우며 후퇴했지만 거의 몰살당하고 말았다.

이런 경악스러운 상황을 멀리서 지켜보던 래글런 남작은 입을 다물 수가 없었고, 경기병 여단이 전멸했다고 생각했다. 하지만 기적적으로 소수의 병력이 러시아군의 포위망을 뚫고 살아 돌아왔는데, 대부분 말도 없이 걸어서 돌아왔을 정도였다. 단 20여 분간의 전투에서 투입된 650여 기의 기병대 병력 중 4백여 기의 병력이 전사하거나 부상당하는 대참사로 이어졌다. 래글런, 루컨, 카디건 세 명의 멍청이가 만들어 낸 영국군 역사상 가장 멍청한 전투였다.

이 바보 같은 전투는 영국에서도 화제가 되어 재판까지 열렸지만, 어느 지휘관도 처벌받지는 않았다. 당시 영국에서는 계급을 돈으로 사고파는 매관매직으로 지휘관들의 자질이 크게 떨어졌고, 발라클라바 전투의 세 멍청이와 현장의 지휘관들도 다르지 않았기 때문이다.

전투의 무대가 된 발라클라바는 우리가 흔히 말하는 '안면 마스크', '복면'을 일컫는 말인데, 영국군이 크림 전투 당시 추위로부터 몸을 지키기 위해 털실로 짜서 만들어 입은 것이 바로 발라클라바의 유래이다. 또한 기적적으로 살아남은 경기병 여단의 지휘관인 카디건 경은 크림 전쟁 당시 추운 날씨에 다친 병사들이 치료할 때 옷을 쉽게 입고 벗을 수 있게 앞이 트여 있는 니트를 만들어서 지급했는데, 이것이 지금도 우리가 자주 입는 카디건이 되었다.